ESSBAR

REST(E)LOSES

KOCHVERGNÜGEN

Usch von der Winden

Fotografiert von Iris Kaczmarczyk

Edition .
Fackelträger

Inhalt

Das vergnügliche Restekochbuch

UMDENKEN STATT WEGWERFEN!

Möglichst wenig wegwerfen – so lautet die Kernaussage dieses Buches. Das lässt sich zum einen erreichen, indem man klug einkauft und den Überblick behält über die eigenen Vorräte. Und bleiben dann doch einmal Nahrungsmittel- oder Speisereste beim Kochen übrig, inspirieren anderntags diese Kühlschrankvorräte zu neuen, ungewöhnlichen Kreationen – Tipps und Rezepte offeriert dieses Kochbuch reichlich.

Für so manchen Überraschungseffekt wird zudem die Botschaft sorgen, dass sich zahlreiche Nahrungsmittel tatsächlich (fast) rest(e)los verwerten lassen. Dabei sieht die Realität in den meisten Küchen anders aus: Fast immer landet irgendetwas im Abfall: das Grün von Kohlrabi oder Radieschen beispielsweise oder die als zu fett empfundene Haut der Gans. Dabei lassen sich daraus mit etwas Kreativität und dem nötigen »Gewusst wie« leckere und gesunde Gaumenkitzler zubereiten: aus dem Grün eine vitaminreiche Gemüsebeilage, aus dem »Geflügelabfall« knusprig-herzhafte und zudem noch eiweißreiche »Chips«.

Und auch »Verbraucherberatung« und Warenkunde kommen nicht zu kurz. Da geht es um Aspekte wie: Nahrungsmittelgifte, Vorteile regionaler und saisonaler Produkte, richtiges Einkaufen lernen, optimale Lagerung und/oder Verwertung »heikler« Produkte wie Eier, Käse & Co. Nützliche Tipps aus der Trickkiste der Profiköchin erleichtern dabei so manchen Kochschritt und Handgriff.

Der erhobene Zeigefinger hingegen fehlt völlig. Kein Wort darüber also, was man alles nicht darf als »politisch korrekter Esser«! Vielmehr wird hier vergnüglich-spielerisch und mit hohem Spaßfaktor gezeigt, wie man achtsam mit dem wertvollen Gut Nahrung umgeht. Und ganz nebenbei kommt so der Aspekt Nachhaltigkeit mit ins Spiel und es wird zusätzlich das Haushaltsbudget geschont. Sparen – ja, gern, aber bitte mit Spaß an der Sache, Pfiff und Verstand.

Damit der Leser zum »kreativen Macher« wird, bedarf es nicht viel: ein wenig Offenheit und »Traute« und vor allem Neugierde auf ungewöhnliche kulinarische Genüsse, auf Zubereitungsarten, die man so noch nie (aus-)probiert hat. Konkret heißt das: Alles, was bisher in der Küche verarbeitet wurde, betrachten wir nun aus einem veränderten Blickwinkel. Wenn wir jetzt ein Lebensmittel in die Hand nehmen, kurbelt das unsere Fantasie und Kreativität an: Was können wir hieraus Ungewöhnliches zubereiten? Wie lässt es sich (fast) rest(e)los verwerten? Welche »verrückten« Kombinationen sind möglich?

Wir erfinden das (Koch-)Rad nicht komplett neu, wir schauen aber über den Tellerrand hinaus. Die eine oder andere im Buch präsentierte »verrückte« Idee kommt einem vielleicht bekannt vor. Aber womit man in der Vergangenheit womöglich Berührungsängste hatte, das wird nun – leicht abgewandelt vielleicht – wunderbar passgenau für den eigenen »Kochweg«.

Ein kreatives Kochvergnügen wünscht

Usch von der Winden

Das Thema Nachhaltigkeit hinsichtlich lebenswichtiger Ressourcen ist in aller Munde. Das fängt bei Anbau & Erzeugung an und endet sozusagen in der eigenen Küche. Indem wir nämlich verantwortlich mit dem kostbaren Gut Lebensmittel umgehen und es kreativ und rest(e)los verwerten. Genuss & Spaß sind dabei garantiert!

Essen als Heimatgefühl oder:
So schmeckt »zu Hause«

»REGIONALITÄT« HEISST DAS NEUE GÜTESIEGEL

Unser Einkaufsverhalten verändert sich zwar langsam, aber nachhaltig. Das Zauberwort heißt »Regionalität« – und es wird immer populärer. Diese nicht mehr ganz neue Losung besitzt viele Facetten. Ein Blick auf die verschiedenen Aspekte lohnt.

AUF DEN SPUREN DER KARTOFFEL

Wir essen im deutschsprachigen Raum, ob im Norden oder Süden, zwar (weitgehend) dieselben Nahrungsmittel, allerdings oft unter regional unterschiedlicher Bezeichnung.

Nehmen wir als Beispiel die Kartoffel. Sie hat wundersam-fantasievolle Regionalnamen. So heißt sie im Norden Tüffel, im Osten Knulle, im Westen Erpel oder Grumbeere und im Süden Deutschlands Äbbirn. In Österreich kocht man Erdäpfel, im Alemannischen Härdöpfel, in der Region um Bern hingegen Härdöpfu. Und dies ist nur eine kleine Auswahl ausdrucksstarker »Mundart«.

Zudem präsentiert sich die tolle Knolle je nach Landstrich in spezifischer Eigenart und Ursprünglichkeit hinsichtlich Form, Farbe und Geschmack. Und Ähnliches gilt für andere Gemüsesorten und Produkte.

Wie spannend also, unsere Heimat sozusagen auf den Spuren der Kartoffel neu zu entdecken, sich mit der Region, in der man lebt, kulinarisch besser vertraut zu machen! Das bringt zudem viele neue Perspektiven und oft auch bislang ungekannte Geschmackserlebnisse ins Spiel.

DAS A & O: FRISCHE UND QUALITÄT

Doch es gibt noch andere gute Gründe, Produkte aus der Region zu kaufen: überzeugende Frische, kurze Lieferwege (die Umwelt dankt es!) und der Nachweis über die Herkunft.

Vor allem die Frische der Produkte ist für das »Rest(e)lose Kochvergnügen« immens wichtig – um nämlich möglichst alle Bestandteile verwerten zu können.

Mehrkosten bedeutet eine solche »Einkaufspolitik« nicht zwangsläufig, denn mittlerweile bieten sogar die Lebensmitteldiscounter regionale Produkte in vernünftiger Qualität. Der Geldbeutel leidet somit nicht unter den kürzeren Wegen zwischen Erzeuger, Vermarkter und heimischer Küche.

Wir Kunden haben heute eine große Bandbreite an Einkaufsmöglichkeiten:

Da gibt es die bunt gemischten Wochenmärkte mit einigen regionalen Ständen und Wagen. Ein besonderes Erlebnis bieten die reinen Bauernmärkte; hier trifft man ausschließlich auf Selbst-/Direktvermarkter aus der Region.

Ein Garant für Frische und Qualität sind ebenfalls die Hofläden der landwirtschaftlichen Betriebe; hier vermarkten die Erzeuger ihre Produkte direkt auf dem eigenen Hof – kürzer kann der Weg zum Endverbraucher nicht sein.

In vielen größeren Ortschaften gibt es mittlerweile Bioläden, die neben ihrem überregionalen Grundsortiment auch nach strengen Biokriterien angebaute Waren aus der Region anbieten.

Dann sind da noch die großen Konzerne, die Supermärkte und Discounter. Diese haben die Zeichen der Zeit erkannt und offerieren ihren Kunden mittlerweile eine beachtliche Auswahl an regionalen Produkten und sogar eigene Biomarken.

ALLES BIO — ODER WAS?!

Doch nicht überall ist Bio drin, wo Bio draufsteht. Orientierung für uns Verbraucher bieten da die sogenannten Biosiegel. Sie stehen für Mindestgarantien, die Träger dieser Siegel werden zudem überwacht.

Hier eine kleine Übersicht der wichtigsten Gütesiegel der deutschsprachigen Länder:

Das deutsche staatliche Biosiegel – sechseckig mit Schriftzug »BIO« – garantiert seit 2001 eine Erzeugung nach der EU-Öko-Verordnung.

Das Biosiegel der EU – ein Blatt aus kleinen weißen Sternchen auf grünem Grund – garantiert seit 2010 verlässliche Bioqualität.

Neben diesen beiden Gütesiegeln gibt es weitaus strengere Siegel der einzelnen Anbauverbände, wie demeter, Naturkind oder Bioland.

Das Siegel »Bio AUSTRIA« garantiert seit 2005 beste Bioqualität in Österreich. Und das Gütezeichen »BIO SUISSE« steht für die ökologische Landwirtschaft in der Schweiz.

Ein Biosiegel zu beantragen und zuerkannt zu bekommen – sowie den hohen Anforderungen dauerhaft gerecht zu werden –, das verursacht Kosten beim Erzeuger. Diese werden teils umgelegt auf den Verbraucher. Darüber muss sich jeder im Klaren sein, der auf Bioqualität achtet.

KLUGE PLANUNG

Sich insgesamt fürs eigene Einkaufsverhalten eine gute Strategie anzueignen schont Geldbeutel, Nerven und Zeitbudget.

Ein Wochen(menü)plan ist das wünschenswerte Ziel. Dieser stellt sozusagen das Grundgerüst für die wöchentlichen Einkäufe dar und trifft Aussagen darüber, an welchen Wochentagen man welches Gericht kochen möchte. Und in der Folge dann: Welche Produkte man wann und wo einkaufen will.

Dazu muss man sich zunächst einmal der Mühe unterziehen, sämtliche Einkaufsmöglichkeiten und Produktangebote der näheren Umgebung zu inspizieren – am besten, bewaffnet mit einem Notizblock.

Darüber hinaus gilt es die entsprechenden wöchentlichen (saisonalen) Angebote im Blick zu behalten und bei Interesse vor Ort zu überprüfen. Und ganz wichtig: Preise vergleichen! Kostet zum Beispiel die Biogurke im Bioladen ein Vielfaches von der konventionell erzeugten Gurke im Discounter, dann muss man kein Rechenkünstler sein, um angemessen nach dem eigenen Budget zu entscheiden. Der Einwand, dass die Schale beim Billigprodukt nicht genießbar sei, lässt sich entkräften.

TIPP:
Konventionell angebautes Gemüse und Obst, das man mit Schale essen möchte, einfach mit warmem Essigwasser sorgfältig abwaschen und trocken reiben. Dadurch verschwindet ein Großteil der Rückstände.

DEM JAHRESLAUF FOLGEND

Jahreszeitlich einkaufen lautet eine weitere Losung: Statt im Winter Erdbeeren aus Südafrika zu kaufen, greift man zu vitaminreichen heimischen Äpfeln, anstelle von teuer importiertem Gemüse freut man sich über das reichhaltige Kohlangebot im späten Herbst. Kurzum: Es gibt immer eine gute Alternative! Dabei lernen wir uns auf die Jahreszeiten zu besinnen: Was wächst wann – und ist damit im (Natur-)Angebot und somit vergleichsweise günstig zu haben?

Nach all den genannten Kriterien entwickeln wir schließlich unseren Küchen- und Einkaufsplan. Der natürlich nicht starr ist, sondern immer wieder modifiziert, aktualisiert und auch mal spontan über den Haufen geschmissen wird.

ABFALLVERMEIDUNG BEGINNT BEIM EINKAUF

Ein heiß diskutiertes gesamtgesellschaftliches Thema: die Verschwendung und Vernichtung von Nahrungsmitteln. Im Grunde ist es für uns ganz einfach: Restevermeidung beginnt beim Einkauf – und bedeutet zugleich Abfallvermeidung. Nachdenken und klug planen lautet also die Devise! Ein paar grundlegende Tipps helfen da weiter:

- Grundsatz Nr. 1: Nie hungrig einkaufen gehen! Hunger ist ein schlechter Ratgeber, verleitet zu spontanen, üppigen und ungeplanten Einkäufen.
- Grundsatz Nr. 2: Vor dem Einkauf die heimischen Vorräte checken und Fehlendes notieren. So vermeidet man allzu viele »Dubletten« ebenso wie ärgerliche Leerstände. Fehlkäufe werden auf ein Minimum reduziert.
- Grundsatz Nr. 3: Ein Wochen(menü)plan erstellen und danach die Einkaufsliste schreiben.
- Grundsatz Nr. 4: Sich dann an diese Einkaufsliste strikt halten.
- Grundsatz Nr. 5: Unverpackte Ware bevorzugen, da man so individueller einkaufen kann. Bei angebotenen Großpackungen darauf achten, dass sich tatsächlich die komplette Menge verbrauchen lässt. Sonst wirft man allzu viel weg und die verbilligte Aktion erweist sich am Ende als teuer.

WAS HÄLT SICH WIE LANGE?

MHD – das sogenannte Mindesthaltbarkeitsdatum von Lebensmitteln zieht sich wie Kaugummi im Mund. Dabei handelt es sich um eine Information des Verbraucherministeriums. Das MHD gibt an, bis zu welchem Tag, Monat und Jahr das ungeöffnete und richtig gelagerte Lebensmittel seine spezifischen Eigenschaften wie Geschmack oder Geruch behält.

Falsch wäre allerdings die automatische Schlussfolgerung, man könne das Produkt nicht mehr essen, wenn der Termin überschritten sei. Tests beweisen: Viele Lebensmittel halten sich weitaus länger und stellen auch bei einem Verzehr nach Ablauf des MHD keinerlei Gefahr für die Gesundheit dar. Sie schmecken höchstens ein wenig »fader« als zuvor. Lediglich bei Milch- und Fleischerzeugnissen sollte man nicht allzu viele Tage »überziehen«. Ansonsten ist die eigene Sensorik eine gute Richtschnur: Beim Geschmacks- und Geruchstest findet jeder schnell selbst heraus, ob das Produkt noch genießbar ist.

Ganz anders zu werten ist das »Verbrauchsdatum«. Steht auf dem Produkt: »Zu verbrauchen bis xy«, dann das heißt das, dass diese Ware durch Keime schnell verderben und damit auch die Gesundheit beeinträchtigen kann. Folglich ist es nicht ratsam, Lebensmittel mit abgelaufenem Verbrauchsdatum zu verzehren.

Es gibt Angaben, auf die kann sich der Verbraucher verlassen, denn sie sind verbindlich: Zutatenlisten, Verkehrsbezeichnung, Füllmenge, Herstellerangabe, Chargennummer et cetera.

Wie giftig ist was?
Oder: Nur Information schützt!

Lebensmittelskandale begleiten mittlerweile unseren Alltag. Immer wieder tauchen trotz zahlreicher Kontrollen in unseren Nahrungsmitteln Stoffe auf, die darin nichts zu suchen haben und die unsere Gesundheit schädigen (können). Nicht alle Skandale resultieren aus Profitgier, manchmal stecken schlicht »unglückliche Umstände« oder auch Unwissenheit dahinter. Was also kann man überhaupt noch essen?, fragt sich da so mancher verunsicherte Verbraucher. Dieses globale Problem können wir hier allerdings nicht lösen.

Giftstoffe in Nahrungsmitteln – das ist aber auch Thema am heimischen Herd. Doch nicht immer sind diese durch »fremdes Zutun« in unsere Nahrungsmittel gelangt. Manchmal enthalten die tierischen oder pflanzlichen Lebensmittel bereits von Natur aus Giftstoffe beziehungsweise können diese selbst »herstellen« (synthetisieren).

Allenthalben liest oder hört man Aussagen wie: Gekeimte Kartoffeln sind giftig (stimmt nicht!), Rhabarber ist ungesund (siehe unten!), Pilz(gericht)e darf man nicht wieder aufwärmen (hatte nur in früheren Zeiten Berechtigung, als es noch keinen Kühlschrank gab). Und immer wieder heißt es: Dies oder jenes dürfe/könne man nicht essen, weil es giftig sei. Gegenstimmen wiederum behaupten: Da kommt es nur auf die richtige Zubereitung an! Und manchmal ist sich sogar die Wissenschaft uneins, wie schädlich ein Stoff wirklich ist. Ein Wunder, wer da nicht verunsichert würde.

Der folgende kleine Wegführer durch das Dickicht möglicher Gefahrstoffe in Nahrungsmitteln möchte etwas mehr Sicherheit zurück ins Kochgeschehen bringen. Denn nur Wissen schützt vor Gefahren.

Richtig ist: Es gibt tatsächlich eine ganze Palette an Giftstoffen, die man besser meiden sollte, dazu zählen etliche pflanzliche, tierische, Pilz- und Bakteriengifte. Doch auch hier gilt meist: Die Menge macht das Gift. Es ist also wichtig zu verstehen, ab welcher Konzentration und in welcher Form die Aufnahme bestimmter Stoffe unseren Organismus schädigen kann. Manchmal darf man auch etwas »alltagspragmatischer« an das Thema herangehen. Denn ganz ehrlich: Ein bisschen »Gift« bedeutet oft puren Genuss, denken wir nur an die belebende Tasse Kaffee oder das Glas Wein oder Bier.

Was in früheren Zeiten richtig oder falsch war in Sachen Ernährung, ist heutzutage oft (aber nicht immer!) Schnee von gestern, denn die Zubereitungs- und Lagerbedingungen von Lebensmitteln haben sich grundlegend geändert.

Alkaloide sind natürlich vorkommende, organische Verbindungen des Sekundärstoffwechsels, die auf den tierischen oder menschlichen Organismus wirken. Diese meist giftigen, bitteren Stoffe werden von vielen Pflanzen als Abwehr gegen Fressfeinde produziert.

Die meisten Alkaloide treffen wir in Nachtschattengewächsen an, wie Fingerhut, Tollkirsche oder Bilsenkraut. Shakespeare hat sich in seinen Dramen mit den »unliebsamen« Pflanzen beschäftigt und sie auch kräftig eingesetzt – das ist aber nicht unser Metier, wir verstehen »Verwerten« vollkommen anders.

Zu den Nachtschattengewächsen gehört auch die Kartoffel. Sie enthält das Alkaloid Solanin. Man müsste aber mindestens 5 Kilogramm der Knolle roh verspeisen, damit die Substanz als Gift wirksam würde. Etwas Obacht sollte man aber dennoch walten lassen: Lagerkartoffeln mit grünen Stellen bitte im Ganzen entsorgen!

NACHTSCHATTENGEWÄCHS: KARTOFFELN UND TOMATEN

Das Nachtschattengewächs Tomate weist das Alkaloid Tomatidin auf. Entsorgen muss man aber nur unreife grüne Früchte oder einzelne grüne Stellen. Im Zuge des Reifeprozesses erledigt sich dieses Problem sowieso von selbst: Rote Tomaten sind alkaloidfrei.

Und last but not least: Auch Coffein (in Tee und Kaffee) und Theobromin (in Kakao) gehören zur großen Stoffgruppe der Alkaloide. Das zeigt uns wiederum, wie wohlüberlegt wir mit der Klassifikation »giftig« umgehen sollten.

Aminosäuren, unter anderem Bausteine der Proteine, sind eine Klasse organischer Verbindungen. Und ein für uns wichtiges Kapitel. Denn Aminosäuren besitzen für unsere Ernährung eine fundamentale Bedeutung; nicht zuletzt wird unser Bedarf an essenziellen Aminosäuren durch tierische und pflanzliche Proteine in der Nahrung gedeckt.

Aminosäuren und ihre Derivate finden darüber hinaus – und das ist die eher schlechte Nachricht – Verwendung als Lebensmittelzusatz, hier insbesondere als Süßstoff (Aspartam) und als Geschmacksverstärker (Natriumglutamat). Letzterer wird häufig Convenience-Produkten zugesetzt und kommt auch zum Einsatz in der asiatischen Küche. Vor allem über Geschmacksverstärker sollte man Bescheid wissen.

Beim Abbau von Aminosäuren entstehen biogene Amine. Die wichtigste Aminosäure in dieser Reihe ist die Glutaminsäure. Aus ihr wird im Gehirn Glutamat gebildet, das als Neurotransmitter fungiert, ganz einfach definiert: als Botenstoff zur Weitergabe von Informationen von einer Nervenzelle zur anderen. Da Glutaminsäure in fast jedem Lebensmittel – außer in Zucker, Ölen und Fetten – enthalten ist, kommt man um diese Art der Glutamataufnahme nicht herum. Aber auch hier gilt wieder: Die Menge macht's. Zudem reagiert jeder Mensch

POMMES FRITES

unterschiedlich. Sollte man also ein diffuses Unwohlsein nach bestimmten Speisen verspüren und man hat mögliche andere Ursachen ausgeschlossen, heißt es künftig allzu glutaminsäurehaltige Lebensmittel, wie Käse und Fleischprodukte, zu reduzieren. Da muss aber jeder für sich selbst das richtige Maß herausfinden.

Diese Glutamatunverträglichkeit wurde in der westlichen Welt bekannt als Chinarestaurant-Syndrom, das nach dem übermäßigen Genuss von fermentierten Saucen, die in der asiatischen Küche ihren festen Platz haben, auftreten kann. Da in den Asia-Gerichten der Anteil an Glutaminsäure oft beachtlich hoch ist, kann es zu teils heftigen allergischen Reaktionen kommen.

Aminosären spielen aber noch eine weitere, etwas unglückliche Rolle beim Kochen und in der Lebensmittelindustrie. Da geht es um die sogenannte Maillard-Reaktion, eine Bräunungsreaktion, bei der die Aminosäuren – beispielsweise in Kartoffel- und Getreideprodukten – unter Hitzeeinwirkung in andere Verbindungen umgewandelt werden. Diese braunen, Melanoidine genannten Endprodukte sind geschmacksintensiv und für das typische Aroma und die Färbung von eiweißreichem Gerösteten, Gebackenen und Gebratenen verantwortlich. Also durchaus erwünscht. Manchmal jedoch können bei dieser Reaktion nicht ganz unbedenkliche Verbindungen entstehen. Man erinnere sich nur an das Acrylamid, das vor einigen Jahren die Verbraucher aufgeschreckt hat: Bei der Herstellung von Pommes frites zum Beispiel kann durch die Maillard-Reaktion Acrylamid in möglicherweise gesundheitsgefährdender Menge gebildet werden. Erforscht ist all dies aber noch nicht bis ins Letzte.

Histamin – ebenfalls zur Klasse der Aminosäuren gehörig – findet sich, von uns nur selten bemerkt, in vielen Nahrungsmitteln. Beim Menschen spielt Histamin eine zentrale Rolle bei allergischen Reaktionen und hilft dem Immunsystem bei der Abwehr körperfremder Stoffe. Es ist einer der Botenstoffe in der Entzündungsreaktion und bewirkt ein Anschwellen des Gewebes. Allergiker wissen davon ein nicht sehr fröhliches Lied zu singen. Histamin bewirkt aber auch die Senkung des Bluthochdrucks. Es ist eben sehr vielseitig.

Blausäure (Cyanwasserstoff), beziehungsweise Stoffe, die von der Blausäure abgespalten werden, gibt es viele im Pflanzenreich. Doch damit die als »sehr giftig« klassifizierte Blausäure überhaupt tödlich wirkt, müsste ein Mensch 1 bis 2 Milligramm pro Kilogramm Körpergewicht zu sich nehmen – mit der normalen Nahrung völlig unmöglich!

In der Küche begegnen wir der Blausäure vor allem bei Bittermandeln, die uns – übermäßig genossen – gefährlich werden können. Diese sind deshalb wohlweislich besonders verpackt und nur in sehr kleinen Mengen erhältlich. Auch die Kerne einiger Steinobstfrüchte, wie Aprikose, Pfirsich, Kirsche, enthalten geringe Mengen an Blausäure, vermutlich als Fraßschutz der Samen.

BITTERMANDELN

Blausäure ist wasserlöslich und wird durch längeres Erhitzen unschädlich. Rohe Bambussprossen zum Beispiel enthalten viel Blausäure und müssen deshalb immer ausreichend gekocht werden.

Oxalsäure ist eine organische Säure, die vom Körper nicht abgebaut werden kann. Sie wirkt auf den Calciumhaushalt und kann Nierensteine begünstigen. Wer Probleme mit Nieren oder Galle hat, sollte somit den Rat seines Arztes beherzigen. Einem gesunden Organismus können normal große Portionen oxalsäurehaltiger Nahrungsmittel ohnehin nichts anhaben.

Oxalsäure ist Bestandteil vieler Pflanzen, zum Beispiel Spinat, Rhabarber, Mangold, Petersilie, Rote Beete, Kakao und somit auch kakaohaltiger Produkte wie Schokolade. Genuss in Maßen schadet allerdings nicht.

Aus Glyoxylsäure kann ebenfalls Oxalsäure entstehen. Man erinnere sich nur an den Glycol-Weinskandal Mitte der 1980er-Jahre: Da wurde Wein mit Glycolsäure versetzt und durch deren Abbau entstand über die Zwischenstufe Glyoxylsäure eine so hohe Konzentration an Oxalsäure, dass es sogar Todesfälle gab.

Glyoxylsäure ist in jungen grünen Blättern und unreifen Früchten (vor allem Rhabarber, Johannis- und Stachelbeeren) enthalten. Aber auch hier gilt: Die Menge macht's! Wir müssen uns also nicht allzu sehr vorsehen.

BLÄTTER VON RHABARBER, STACHELBEERE, JOHANNISBEERE

Senfgluccosinolate (Senfölglycoside) verhindern, einfach ausgedrückt, die Jodaufnahme im Körper und die Wiederaufnahme des körpereigenen Hormons Thyrocin. Heute gleichen wir möglicherweise dadurch auftretende Probleme mit Jodsalz aus, sodass die Gefahr einer Kropfbildung kaum noch relevant ist.

Senfgluccosinolate finden wir in vielen Nahrungsmitteln: in allen Kohlarten, in Rüben, Rettich, Meerrettich, Kresse sowie im Raps.

Toxine sind Gifte, die von einem Lebewesen synthetisiert werden. In der Küche können Toxine uns zum Beispiel begegnen in Muscheln und Fisch. Genau genommen: in den Algen oder Einzellern, von denen sich die – wiederum von uns so gern verspeisten – Meeres- und Seebewohner ernähren.

BOHNEN

So nehmen Muscheln durch Filtriervorgänge die im Zuge der Algenblüte besonders in den warmen Sommermonaten vorkommenden Algentoxine mit dem Wasser auf. Heutzutage – aufgrund zahlreicher Vorsichtsmaßnahmen bei Produktions- und Lieferkette – ist das Risiko einer Muschelvergiftung durch Algentoxine oder bakteriellen Verderb in der warmen Jahreszeit sehr gering. Und doch sollte man Folgendes beachten: Frisch gekaufte Muscheln immer gekühlt lagern und spätestens am nächsten Tag verzehren. Für die Zubereitung nur geschlossene Muscheln verwenden und nach dem Kochen nur die geöffneten verzehren.

Beim Kauf von Fisch lauten die goldenen Regeln: auf glänzende, klare Augen und leuchtend bis mattrot glänzende Kiemen achten.

Rohe Bohnen wiederum – ob frische grüne oder Hülsenfrüchte – enthalten das Toxin Phasin. Dieses Eiweiß kann in hoher Konzentration zur Verklumpung der roten Blutkörperchen und zu Übelkeit, Erbrechen und Durchfall führen. Die gute Nachricht: Schon durch kurzfristiges Erhitzen wird das Phasin inaktiv, verliert also seine toxische Wirkung; und 15 bis 20 Minuten Kochzeit reichen aus, um das Protein komplett zu zerstören. Ansonsten lautet hier die klare Ansage: Keine rohen Bohnen essen!

VORRATSCHECK – BASIS EINER KREATIVEN RESTEVERWERTUNG

Sämtlichen Planungen, Einkäufen und Kochaktionen vorangehen sollte eine kritische Bestandsaufnahme. Die eingehende Inspektion von Kühlschrank, Keller und/oder Vorratskammer liefert dabei Antworten auf folgende Fragen:
- *Welche Essens- und/oder Lebensmittelreste sind vom Vortag übrig geblieben?*
- *Was ist davon noch frisch und lässt sich weiterverwerten, was hingegen gehört sicherheitshalber entsorgt?*
- *Was ist außerdem noch da an Vorräten?*

Dieses »Inspektionsergebnis« wiederum mündet in der entscheidenden Überlegung:
- *Wie lässt sich aus diesen Resten und Vorräten etwas Schmackhaftes zaubern – und was passt überhaupt zusammen?*

Rund um den Familientisch

Man ist ein eingespieltes Team. Damit der Tag funktioniert, müssen alle mitanpacken. Jeder hat seine Rolle, seine Aufgaben im fest strukturierten und straff organisierten Tagesablauf, inmitten von Kindergarten, Schule, Job, Haushalt und knapp bemessener Freizeit.

Dann das gemeinsame Abendessen als Ausklang des Tages. Ein notwendiger Ausgleich nach all der Hektik. Zeit, zur Ruhe zu kommen. Abends trifft sich die Familie stets in der offenen, großzügigen Küche. Was dann auf den Tisch kommt, wird gemeinsam zubereitet – meist nichts Aufwändiges, aber mit Freude am Detail.

Diese Zeit des Tages ist besonders wichtig für die Kids: Alle sitzen am Tisch, essen und reden darüber, was heute so alles passiert ist. Bevor es dann für die Kinder Zeit wird, ins Bett zu gehen – und die Eltern danach noch eine kurze Zeit zu zweit genießen.

Ein Abendessen-Ritual, das in vielen Familien so oder ähnlich abläuft.

Einkaufsverhalten einer jungen Familie

Samstags ist meist Großeinkaufstag – und der wird gemeinsam bewältigt. Der Wochenplan steht weitgehend fest – wobei bis zuletzt immer Raum bleibt für besonders günstige Angebote aus den aktuellen Prospekten. Die lange Liste ist geschrieben, ausgerichtet auf die Jahreszeiten. Von Frühling bis Herbst beispielsweise tischt Mutter Natur reichhaltig auf. Alle in der Familie wollen jetzt frische, leichte Zutaten, knackiges »Grünzeug« und viel Obst. Im Winter hingegen ändern sich die Präferenzen oft ein wenig.

Generelle Vorgabe für die junge Familie sind zwar erschwingliche Produkte – und das wiederum heißt: Angebote vergleichen. Doch neben dem Aspekt »preiswert« gibt es einen ausgeprägten Blick für gesunde Zutaten. Es soll ja den kleinen und großen Menschen an nichts Wichtigem fehlen.

Für einen Vier-Personen-Haushalt muss ein bestimmtes Kontingent an Grundnahrungsmitteln stets verfügbar sein: Brot, Milchprodukte, Kartoffeln, Nudeln, Reis. Auch Wasser und Säfte sollten im Haus sein. Diese Vorräte werden ebenfalls beim wöchentlichen Großeinkauf aufgefrischt. Kinder haben meist eine ausgeprägte Vorliebe für Nudeln in allen Varianten; diese wird auf jeden Fall berücksichtigt.

Gemüse und Obst besitzen einen hohen Stellenwert – diese Nahrungsmittel werden zweimal in der Woche frisch eingekauft.

Und ganz ohne Süßigkeiten geht es natürlich auch nicht. Aber diese werden daheim an einem bestimmten Platz verstaut und nur dosiert und nach Absprache verteilt – Selbstbedienung bedeutet Regelverletzung. Auch hier gilt das Gebot der Verhältnismäßigkeit: »Dauerschleckerei« ist tabu! Darin sind sich die Eltern einig, sie ziehen am gleichen Strang.

Unter diesen Prämissen »schmeckt« der Familien-Speiseplan allen Essern gleichermaßen. Denn es herrscht Ausgewogenheit hinsichtlich gesunder Zutaten, individueller Präferenzen und nicht immer rundum wertvoller »Seelennahrung«. Ein wichtiger Garant für den Familienfrieden!

Unser Dank geht an Familie Kula-Schmittdiel für diesen sehr persönlichen Einblick in ihr Leben.

Einkaufsverhalten eines Single-Haushalts

Sonnabend ist auch für den Single der obligatorische Einkaufstag, denn in der Regel hat man ja jobbedingt die Woche über viel um die Ohren. Da reicht es abends oft nur noch für einen schnellen Sprung in den Laden um die Ecke, falls mal etwas Wichtiges fehlen sollte. Wenn dann das Wochenende naht, überlegt man hingegen: Welche Vorräte müssen aufgestockt werden? Was kann ich besorgen für die gewohnt zweckmäßig-schnelle Küche der kommenden Woche? Gibt es interessante Angebote, die den Speiseplan »aufwerten«? Und nicht zuletzt: Was gönne ich mir an lukullischen Highlights am Wochenende?

Auch der Single greift dabei natürlich zu Stift und Papier, denn ein wenig Systematik vorab minimiert ja nicht zuletzt lästigen Zeitklau durch abendliche »Notkäufe« während der Woche. Richtschnur: Grundnahrungsmittel einzukaufen reicht vierzehntägig. Wasser, Saft, Bier und Wein besorgt man wöchentlich.

Normalerweise lautet alltags die Kochmaxime: leicht, schnell und schmackhaft. Da kommt ein kreativer Mix aus Convenience-Food – also (Teil-)Fertiggerichten/-produkten – und eigener Zubereitung frischer Gerichte zum Zug. Wenn aber (knappe) Zeit nicht mehr der entscheidende Faktor ist, dann wird geschwelgt, und zwar bereits beim Einkauf: ein gutes Öl, ein besonderer Essig, ein Senf mit ungewöhnlicher Geschmackskomponente – diese »Kleinigkeiten« machen einfach Freude und der Zufriedenheitspegel steigt. Inspirierend auch die Gespräche mit den Inhabern der kleinen Läden, die so viel Leckeres anbieten! Genuss als i-Tüpfelchen des Lebens.

Wir danken Thea Klein, dass wir sie und ihre Küche mit Beschlag belegen durften – doch nicht minder für die Köstlichkeit, die sie auf die Teller gezaubert hat.

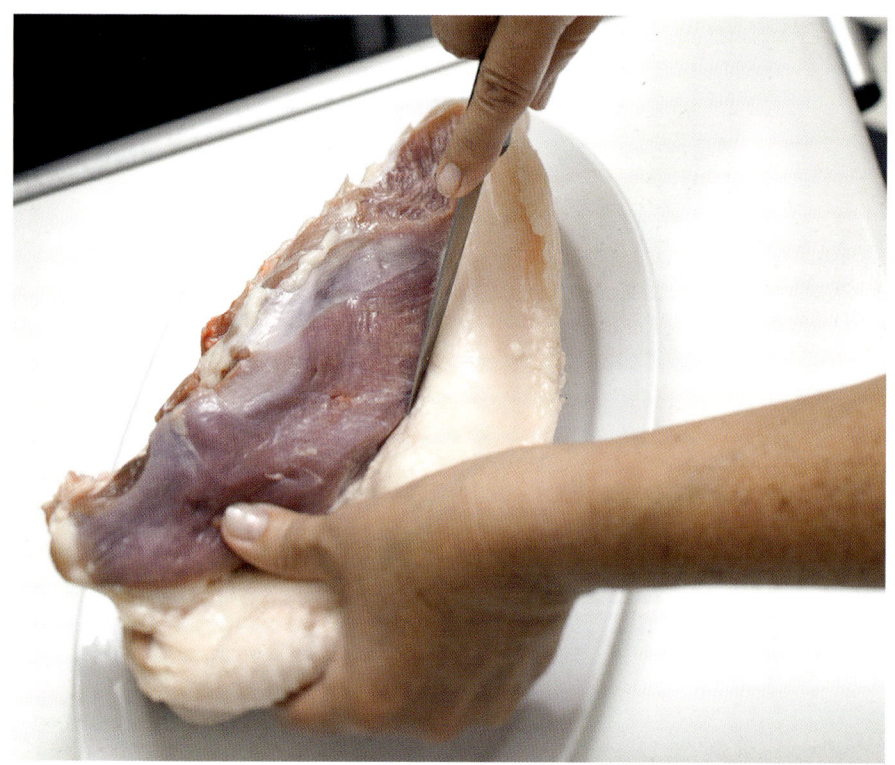

In der Single-Küche

Der »Alleinköchin« (oder dem männlichen Pendant) geht das Hantieren mit Pfanne & Co. meist ziemlich routiniert von der Hand. Die Küche ist zweckmäßig ein- und perfekt ausgerichtet auf die persönlichen Vorlieben des »menschlichen Rührlöffels«.

Mit sich und der eigenen Küche im Einklang, zufrieden mit dem gut geplanten Arbeitsablauf, wächst die Vorfreude auf ein genussvolles Essen – ganz nach eigenem Geschmack. Das Kochen wird regelrecht zelebriert, mit hohem Genuss- und Entspannungsfaktor. Ein ausgesuchter Wein und die Lieblingsmusik dürfen da natürlich nicht fehlen. Jetzt lasse ich's mir gut gehen.

Das Endergebnis – ein köstliches Essen – ist manchmal auch Belohnung für einen anstrengenden Tag. Sich selbst mit Gaumenfreuden belohnen, das darf man aber auch ganz ohne Grund! Und wenn Freunde mitessen: umso schöner.

Lebenspartner unter sich

Die Kinder sind aus dem Haus, man ist nach der »Familienpause« wieder zu zweit, hat seine Schäfchen ins Trockene gebracht – und macht es sich jetzt gemeinsam schön.

Was gibt es Schöneres, als in aller Ruhe morgens zusammen den Tag zu planen?! Seit Kurzem steht dabei die neue »Mitbewohnerin« im Fokus: eine funkelnagelneue Küche, abgestimmt auf die veränderten Bedürfnisse. Ein völlig neues Kochgefühl hat sich seitdem eingestellt. Fast täglich wird nun »die Küche gefeiert« und der Genuss zelebriert.

Ein schönes (und auch beruhigendes) Gefühl, nun nicht mehr mit jedem Cent rechnen zu müssen: auf üppigen Lebensmittelmärkten mit Muße nur das Beste auswählen, ausgefallene kulinarische Angebote bestaunen – und sich dann und wann ein paar Extravaganzen gönnen. Bereits der gemeinsame Einkauf wird so zum Erlebnis.

Und das eigentliche Kochen gerät in der neuen Küche zum sinnenreichen Event. Am Ende winken die Gaumenfreuden – die Kunst des Genießens, dritter Akt. Die Tafel ist gedeckt, die Kerzen sind angezündet. Bon appétit!

Einkaufsverhalten im »gesettelten« Lebensabschnitt

Beide Partner haben viel geschafft und erreicht – und wollen diesen Status nun genießen. Die Betrachtungsweise von Essen und Trinken hat sich gegenüber früher verändert, und das schlägt sich auch im Einkaufsverhalten nieder: Genuss und Qualität stehen obenan.

Man hat nun mehr Muße, ist nicht mehr (permanent) »on the job«, kann somit auch jederzeit wochentags in Ruhe einkaufen. Der Einkaufsplan fokussiert dementsprechend nicht mehr auf die kompletten Wochenvorräte – und muss nicht zwingend am Samstagmorgen »abgearbeitet« werden. Wobei … der üppigste Wochenmarkt lockt meist just an diesem Tag. Herrlich zudem, stets »mit den Jahreszeiten« einkaufen und regionale Frische genießen zu können!

Doch auch die Feinkostläden und all die kleinen, ambitionierten Lädchen mit besonderen, oft nachhaltig erzeugten Spezialitäten aus der Region laden zu einem ausgiebigen Bummel ein. Da lässt man sich gern Zeit und probiert hier und da eine feine »Schweinerei«.

Oder man stöbert vorab in dem reichhaltigen Fundus an Kochbüchern: Wonach steht uns heute der Sinn? Wie wär's mit einem ungewöhnlichen Fischgericht? Dann also, mit der Einkaufsliste bewaffnet, erst ins entsprechende Geschäft, damit der Edelfisch nicht ausverkauft ist. Fein – so kann man in der neuen Küche endlich den Gourmet-Fischkocher aus-

Ein herzliches Dankeschön an Anke und Jan Koch, die meine Begeisterung für neue Gewürz- und Kräutermischungen teilen, sich mit Elan an kulinarische Versuche trauen und ihre Küche als wunderbares Experimentierfeld betrachten.

Einkaufsverhalten einer WG

Wohngemeinschaft bedeutet meist auch Einkaufs- und Kochgemeinschaft, was erst einmal mit einem gewissen Lernprozess verbunden sein dürfte. Denn schließlich kennt man sich ja, wenn überhaupt, bei Gründung der WG erst kurz. Oder neue Gesichter kommen hinzu. Da müssen sich die Dinge naturgemäß erst einspielen.

Die (Wohn-)Küche wird fast automatisch zum Mittelpunkt des WG-Lebens; sie bildet sozusagen den gemeinsamen Nenner einer bunten Schar oft divergierender Einzelinteressen. Am Esstisch herrscht »nahrungstechnisches« Miteinander! Im Folgenden ein paar »Starthilfen«.

Es knirscht oft weniger im WG-Getriebe, wenn ein ungefährer Plan vorhanden ist oder zumindest Konsens in einigen Fragen herrscht. Das erarbeitet man gemeinschaftlich – hitzige Diskussionen inbegriffen. Da geht es um Punkte wie:

- Wie hoch ist das monatliche Einkaufsbudget?
- Wer kann überhaupt kochen oder fühlt sich dazu berufen?
- Wer kauft wann ein – auf Zuruf oder fest nach Plan?
- Wo kauft man ein (Bioladen, Supermarkt) – ist das wichtig oder egal?
- Kocht man immer zusammen oder nur an bestimmten Tagen?
- Gibt es Vorlieben/Abneigungen, Essgewohnheiten, Nahrungsmittel-Unverträglichkeiten et cetera?
- Meins oder deins? Darf man Leckereien (aus eigener Tasche zu zahlen?) auch mal für sich alleine »bunkern« – tabu für andere?
- Wie »handelt« man spontane »fremde Mitesser« (Stichwort Lerngemeinschaft) oder »Dauergäste« (Freund/Freundin)?
- Last but not least: Wer räumt auf und spült?

So gesehen, ist die WG eine multiple Lernanstalt und die hohe Kunst des sozialen Miteinanders. Der ideale »Trainingsplatz« somit für nachfolgende Lebensformen!

Ein Dankeschön an die WGler Kai Ohnacker und Gerald Abram. Sie hatten ihre Küche fürs Fotoshooting extra auf Hochglanz gebracht – dann rückten wir an und stellten flugs den alten, herrlich-chaotischen Ist-Zustand wieder her. Weil es so doch viel schöner menschelt!

Die Studenten-WG

Hier haben wir es mit einer überaus lockeren, aber durchaus an bestimmte Faktoren gebundenen zweckdienlichen Wohn- und Kochgemeinschaft zu tun. Der Geldfaktor besitzt dabei gegenüber dem Zeitfaktor meist ein größeres Gewicht. Was im Klartext bedeutet: Zeit ist mehr vorhanden als Geld.

Aber der Student, als Spezies gesehen, ist meist von Natur aus findig. Und wenn nicht – dann muss eben noch ein bisschen weiterstudiert werden ... Was also lernt man im Studium und in einer gemeinsam bewirtschafteten Küche? Mit wenig Aufwand den größtmöglichen Ertrag zu erzielen. Oder anders gesagt: Man lernt fürs Leben.

Die Polenta-Variationen (siehe Seite 157) sind das beste betriebswirtschaftliche Ergebnis. Das Rezept punktet nicht nur mit Variantenreichtum. Es kann auch noch gestreckt werden – man ist damit nicht auf eine genaue Anzahl von »Mitessern« fixiert. Genau das richtige also für ein leckeres, schnelles WG-Essen! Und durch Teamwork und Einzelleistung schon mal gutes Training für den Bachelor.

GEMÜSE · SALATE

KRÄUTER · GEWÜRZE

FRÜCHTE

Alles im grünen Bereich:
Fit mit Gemüse und Salat aus der Region

Heimische Gemüse – wie Möhren, Rote Beete und andere Rüben, diverse Kohlsorten oder die neu entdeckten alten Gemüsesorten – sind besonders nährstoffreich und stärken unser vor allem im Winter oft hart gebeuteltes Immunsystem. Denn das regionale »Grünzeug« punktet sämtlich mit einem hohen Mineralstoffanteil und vielen Vitaminen. Ein-, zweimal die Woche auf dem Speiseplan – und schon haben wir viel für unsere Gesundheit getan.

Und wenn wir im Sommer und Herbst dann bei Grünkohl, Rosenkohl, Steckrüben, Topinambur, Pastinaken und Knollensellerie zu Freilandprodukten greifen, dann betreiben wir damit zugleich Klimaschutz im Kleinen. Gemüse aus dem Gewächshaus hingegen bringt stets eine gewisse Klimabelastung mit sich. Was im Übrigen genauso für Salat gilt; hier sind Freilanderzeugnisse zudem in der Regel nitrat- und pestizidärmer als die unter Glas angebauten.

Kurzum: Mit regionalen Erzeugnissen – vor allem mit biologisch oder ökologisch erzeugten – tut man nicht nur der eigenen Gesundheit etwas Gutes, sondern auch der Umwelt. Und ganz nebenbei stärkt man die Betriebe vor Ort. Sofern man nicht das Beet im eigenen Garten beackert …

Die Bezeichnung Salat verwenden wir als Sammelbegriff für Gemüsepflanzen, deren Blätter wir roh essen. Früher war Salat eine reine Beilage – nicht viel mehr als besseres Hasenfutter. Mittlerweile ist das variantenreiche und sehr variabel einsetzbare »Grünfutter« zum Symbol für eine gesunde und naturnahe Ernährung und sogar zum vollwertigen Hauptgericht avanciert. Regelmäßig zu diesem leckeren Vitaminspender gegriffen – und man liegt gesundheitlich im grünen Bereich.

Jeder von uns verspeist im Durchschnitt 6 kg Salat im Jahr, Tendenz steigend. Auch das Angebot wächst ständig. Was besonders erfreut: die Wiederentdeckung alter Sorten wie Rauke oder Portulak – von bitter bis zart-nussig als neue Geschmacksideen. Die heimischen Salatbauern sind sehr bestrebt, neue Ideen einzubringen. Verschiedenfarbige Blätter, kleinere Köpfe, intensives Aroma – kurz: bunt, klein, knackig und geschmackvoll –, das ist der Salat der Zukunft.

TIPP:
Gemüse ist nicht nur ein prima Vitamin- und Mineralstofflieferant, es versorgt unseren Körper auch mit wertvollen sekundären Pflanzenstoffen (Antioxidantien), die als Radikalfänger gute Dienste tun.

Frische Radieschen – mit Stumpf und Stiel verspeist

Der Name Radieschen ist abgeleitet von lateinisch *radix* für Wurzel. Senföl, genauer gesagt Senfölglycosid, verleiht der roten Knolle die beliebte Schärfe. Sie erfreut uns das ganze Jahr über, erst als Frühjahrs- und dann als Herbstbegleiterin.

Die scharfe Rote schmeckt uns rest(e)los gut! Viel zu schade somit, ihren üppigen grünen Haarschopf – der ebenfalls mit Schärfe punktet – der Schere zu opfern. Jeglicher Verschwendungssucht wollen wir darum mit den folgenden Rezepten entgegenwirken. Diese sind zudem ein prima Sparringspartner beim Entwickeln eines neuen Geschmacksempfindens – was richtig spannend ist und Mut macht für weitere neue Entdeckungen.

Gurken-Radieschen-Salat

Die Gurke waschen und deren Enden abschneiden. Die Schale abschälen und aufheben. Anschließend die Gurke in dünne Scheiben hobeln.

Die Radieschenknollen waschen, putzen und in feine Stifte schneiden.

Den Apfel waschen, vierteln, entkernen und ebenfalls in Stifte schneiden.

In einer Schüssel für die Vinaigrette den Essig mit Wasser, Senf und Honig verrühren. Das Öl nach und nach zugießen und kräftig unterschlagen. Mit Salz und Pfeffer abschmecken. Die Gurkenscheiben sowie die Äpfel- und die Radieschenknollenstifte zur Vinaigrette geben und alles vorsichtig miteinander mischen.

ZUTATEN

1 unbeh. Schlangengurke

1 Bund Radieschen (hiervon die Knollen)

1 Apfel

2 EL Apfelessig

3 EL Wasser

1 TL Senf

2 TL Honig

6 EL kalt gepresstes Öl

Salz

Pfeffer aus der Mühle

TIPP:
Die Schale der ungespritzten Gurke klein hacken und zum Schluss über den Salat streuen. Diese rest(e)lose Verwertung überzeugt durch starkes Aroma!

Spaghetti mit Radieschenblättern

... UND DAZU GIBT'S DEN GURKEN-RADIESCHEN-SALAT

ZUTATEN

1 Bund Radieschen
(hiervon die frischen
grünen Blätter)
1 Knoblauchzehe
1 Schalotte
1 getr. rote Peperoni
500 g Spaghetti
2 EL Olivenöl
1 Pr. Salz
1 Pr. Zucker
weißer Pfeffer
aus der Mühle

Vom Radieschenbund das Grün abschneiden und sorgfältig waschen.

Die Knoblauchzehe schälen und fein hacken. Die Schalotte ebenfalls schälen und fein würfeln. Die Peperoni entkernen und in sehr feine Streifen schneiden.

In einer hohen Kasserolle reichlich Salzwasser zum Kochen bringen, die Radieschenblätter hineingeben und für 5 Minuten blanchieren. Das Grün herausschöpfen und abtropfen lassen.

Das Wasser erneut zum Kochen bringen und die Spaghetti darin al dente kochen. In ein Sieb abgießen, warm halten.

In einer hohen, heißen Pfanne 1 EL Öl erhitzen. Darin die Knoblauch- und die Zwiebelwürfel andünsten. Die Peperonistreifen sowie das Radieschengrün hineingeben und kurz mitschwenken. Mit Salz und Zucker würzen. Das restliche Öl sowie die Spaghetti zufügen und alles gut miteinander mischen. Zum Schluss mit Pfeffer aus der Mühle abschmecken.

Radieschenblätter-Pesto

ZUTATEN

50 g Radieschenblätter
2 Stängel
Korianderblätter
2 Knoblauchzehen
20 g gem. Mandeln
½ TL gem. Kreuz-
kümmel
3 EL Zitronensaft
150 ml kalt gepresstes
Öl (geschmacks-
neutral)
Salz
etwas Öl als
»Schutzschicht«

Die Radieschenblätter und das Koriandergrün waschen, trocken tupfen und grob hacken.

Die Knoblauchzehen schälen und fein schneiden.

Sämtliche Zutaten in einer Rührschüssel fein pürieren, dabei nach und nach das Öl zufügen.

Das Pesto mit Salz abschmecken und in ein, zwei gut verschließbare Gläschen füllen.

Mit einer dünnen Schicht Öl bedeckt, hält sich dieses würzige Pesto im Kühlschrank mehrere Wochen.

TIPP:
Die Blätter des Radieschens unmittelbar nach dem Kauf oder der Ernte von der Knolle abschneiden und separat aufheben. Denn bleibt das Grün dran, trocknen die Radieschenwurzeln aus und werden schlapp.

Radieschensuppe

PUNKTET MIT EINER LEICHT SÄUERLICHEN SENFNOTE

Die zusätzlichen Radieschenblätter muss man eventuell beim Gemüsehändler vorbestellen, sofern man sie nicht im eigenen Beet »vorabernten« kann.

Die Knollen vom Blattgrün trennen, waschen und putzen. Sämtliche Blätter ebenfalls waschen, die gelben und die welken aussortieren.

Die Radieschenknollen in Scheiben schneiden, drei zerteilte Knollen für die Garnierung beiseitelegen. Die Blätter grob zerrupfen.

Gemüsebrühe erhitzen und die Radieschenscheiben und -blätter darin weich kochen (das dauert zwischen 5 und 10 Minuten).

Die Knoblauchzehen schälen und in die Brühe pressen.

Die Suppe so lange pürieren, bis sie schön sämig ist. Dann mit Salz, Pfeffer und Zucker abschmecken und in eine Suppenschüssel umfüllen.

Zuletzt die Crème fraîche vorsichtig unterheben und die Suppe mit den Radieschenscheiben garnieren.

ZUTATEN

2 Bund Radieschen mit Blättern
4 Handvoll Radieschenblätter extra
1 l Gemüsebrühe
2 Knoblauchzehen
Salz
Pfeffer aus der Mühle
1 Pr. Zucker
200 ml Crème fraîche/saure Sahne

Radieschen-Kartoffel-Suppe

Die Radieschenknollen waschen und putzen. Das Grün ebenfalls waschen und die welken Blätter aussortieren. Die scharfen Knollen in Scheiben schneiden, einige davon für die Garnierung beiseitelegen.

Die Kartoffeln waschen, schälen und in Würfel schneiden. Ebenso mit der Zwiebel verfahren.

Die Estragon- und die Liebstöckelblätter von den Stielen abstreifen, waschen und in feine Streifen schneiden.

In einem größeren Kochtopf das Butterfett zerlassen, darin die Zwiebelwürfel glasig werden lassen und mit der Gemüsebrühe ablöschen.

Kartoffelwürfel, Radieschenscheiben und -blätter zugeben und alles 20 Minuten lang weich kochen lassen.

In der Zwischenzeit die Toastbrotscheiben würfeln und in einer Pfanne mit etwas Butterfett goldbraun anbraten. Beiseitestellen und warm halten.

Wenn das Gemüse gar ist, noch im Topf zusammen mit der Brühe so lange pürieren, bis die Suppe sämig ist; dabei die Prise Zucker nicht vergessen. Auf Wunsch mit Salz und Pfeffer abschmecken.

Suppe in eine Terrine umfüllen, die Kräuter und den Frischkäse zufügen und mithilfe des Schneebesens aufschlagen. Zum Schluss einige Radieschenscheiben und die Toastbrotwürfen obenauf streuen.

ZUTATEN

2 Bund Radieschen mit viel frischem Grün (und gern zusätzliches!)
2 gr. mehlig kochende Kartoffeln
1 Gemüsezwiebel
1 Stiel Estragon
1 Stiel Liebstöckel
1 EL Butterfett
1 l Gemüsebrühe
2 Scheiben Toastbrot
1 Pr. Zucker
Salz
Pfeffer aus der Mühle
100 g Frischkäse

Radieschengemüse auf Roastbeefscheiben

ZUTATEN

2–3 Bund Radieschen mit frischen Blättern

600 g Roastbeef

Salz

Pfeffer aus der Mühle

1 EL Butterschmalz

3 Stängel Frühlingszwiebeln

1 TL rote Pfefferbeeren

2 EL Öl

⅛ l Fruchtsaft (Orangen/Grapefruit/ Ananas, je nach Vorrat)

1 TL gekörnte Gemüsebrühe

Die Radieschen waschen und die grünen Blätter abschneiden.

Den Backofen auf 220 °C vorheizen. Den Bräter dabei bereits miterhitzen.

Das Roastbeef waschen und trocken tupfen. Die obere Fettschicht mit einem scharfen Messer leicht schräg im Rautenmuster einschneiden. Vorsicht, dabei nicht das Fleisch einritzen! Danach von allen Seiten kräftig salzen und pfeffern.

Butterschmalz in den Bräter geben und das Roastbeef mit der Fettschicht nach unten im Backofen anbraten. Danach wenden und im Ofen für 25 Minuten garen lassen.

In der Zwischenzeit die Radieschen und die Frühlingszwiebeln in dicke Scheiben schneiden, die Pfefferbeeren fein mörsern und die Radieschenblätter in Streifen schneiden.

Das Öl in eine heiße Pfanne geben, darin die Frühlingszwiebeln und die Radieschenscheiben anbraten, den Fruchtsaft angießen und die gekörnte Gemüsebrühe einstreuen. Die Blätterstreifen zugeben und das Gemüse einige Minuten unter Wenden braten, danach salzen und pfeffern.

Das Roastbeef nach der Garzeit aus dem Backofen nehmen, dicht in Alufolie einpacken und für mindestens 5 Minuten ruhen lassen. Nach dem Auspacken die Fettschicht nach Gusto abschneiden. (Die Fettkruste kann man später weiterverwerten, siehe Tipp.)

Das Fleisch in Scheiben schneiden, auf vorgewärmten Tellern anrichten und mit dem Radieschengemüse servieren. Dazu schmecken Brat- oder auch kleine Salzkartoffeln.

TIPP:
Die vom Roastbeef entfernte Fettkruste ist zu lecker zum Wegwerfen. Klein geschnitten ergibt sie im Verbund mit verquirlten Eiern und etwas Petersilie ein köstliches Rührei.

Glasierte Radieschen

ZUTATEN

12 Radieschen mit frischem Grün

2 EL Butter

2 EL Pinienkerne

100 ml Gemüsebrühe

Salz

Pfeffer aus der Mühle

1 Pr. Zucker

Die Radieschen waschen und putzen. Die Knollen in Scheiben, die Blätter in feine Streifen schneiden .

In einer Pfanne die Butter kurz aufschäumen lassen, die Pinienkerne zugeben und anrösten. Die Radieschenscheiben ergänzen und unter Wenden glasieren lassen.

Die Gemüsebrühe zugießen, das Grün hineingeben und mit Salz, Pfeffer und Zucker würzen – eine prima Beilage zu kräftigem Fleisch!

RADIESCHENGEMÜSE AUF ROASTBEEFSCHEIBEN

Rhabarber – nicht Obst, sondern Gemüse

Wichtig zu wissen: Rhabarber enthält Oxalsäure, der rotstielige dabei weniger als der grünstielige. Nieren- und Gallenkranke sollten deshalb nicht nur auf Rhabarber, sondern auf alle Lebensmittel mit Oxalsäure verzichten. Dem gesunden Organismus hingegen schadet ein mäßiger Genuss nicht.

Wir verwenden die Rhabarberteile nicht roh, sondern ausschließlich blanchiert – damit werden sogar die Blätter bekömmlich.

Rhabarber-Fisch-Curry

DAS »ALTMODISCHE GEMÜSE« KOMMT ZU EXOTISCHEN EHREN – MIT BLATT UND STIEL

Den Rhabarber schälen, Enden abschneiden und den Rest in 1 cm dicke Stücke schneiden.

Die dicken Rippen der Blätter entfernen und das zarte Grün in feine Streifen schneiden.

Ausreichend Wasser in einem größeren Topf aufkochen, die Stücke hineingeben und für circa 10 Minuten köcheln lassen. Kurz vor Ende der Garzeit die Blätterstreifen zugeben und kurz blanchieren. Das Gemüse durch ein Sieb abgießen, kalt abbrausen und beiseitestellen.

ZUBEREITUNG DES CURRYPULVERS

Aus ganzen Gewürzsamen und Kapselfrüchten wird das aromatische Pulver hergestellt; jedes Gewürz wird dazu einzeln im Mörser fein zermahlen und laut angegebener Menge in ein kleines Schälchen umgefüllt. Das Ingwerstück muss natürlich geschält, grob gehackt und dann fein zerrieben werden (dasselbe gilt für die Kurkumaknolle; falls nicht frisch erhältlich, auf fertiges Kurkumapulver ausweichen). Zum Schluss die pulverisierten Gewürze sorgfältig miteinander vermischen.

Die Frühlingszwiebeln putzen und Ringe schneiden. Die Fischfilets in 2 bis 3 cm breite Streifen schneiden.

Öl im Wok erhitzen, den Fisch darin scharf anbraten, danach die Zwiebelringe und das Rhabarberklein zufügen. Die Temperatur reduzieren, damit das Currypulver, das nun drübergestreut wird, nicht verbrennt. Alles sorgfältig miteinander vermengen und lediglich einige Minuten unter Wenden braten, damit der Fisch nicht trocken wird.

Dazu passt wunderbar jede Sorte Reis.

ZUTATEN

600 g Rhabarberstängel

3 mittelgr. Rhabarberblätter

4 Stängel Frühlings-/Lauchzwiebel

4 dicke Fischfilets ohne Haut à ca. 200 g (z. B. Makrele, Schnapper)

150 ml gut erhitzbares Speiseöl

Für die Gewürzmischung (pulverisiert)

½ TL Ingwer

½ TL weißer Pfeffer

1 TL Koriander

½ TL Kardamom

½ TL Chili

½ TL Kurkuma

½ TL Cayennepfeffer

HÄHNCHENKEULE IM RHABARBER-SPARGEL-BETT

Hähnchenkeule im Rhabarber-Spargel-Bett

Den Backofen auf 220 °C vorheizen und eine feuerfeste Form mit der Butter einstreichen.

Die Zwiebel schälen und fein hacken. Von einem der Rosmarinzweige die Nadeln abstreifen und diese ebenfalls fein hacken. Im Mörser die Wacholderbeeren sorgfältig zerdrücken. Zwiebelwürfel und Gewürze gleichmäßig in der Form verteilen. Mit dem Weißwein und der Geflügelbrühe aufgießen und den Honig zufügen.

Die Hähnchenkeulen waschen, trocken tupfen, bei Bedarf restliche Federn (Pinzette!) entfernen, salzen, pfeffern und in die Form legen. Diese mit Alufolie abdecken und für 40 Minuten in den Backofen schieben.

In der Zwischenzeit den Spargel schälen, die einzelnen Stangen je nach Wunsch halbieren oder dritteln und zunächst beiseitestellen.

Den Rhabarber ebenfalls schälen, bei sehr dicken Stielen diese längs halbieren und dann entsprechend der Spargelstangenlänge in Stücke schneiden. Das Rhabarberblatt waschen, allzu dicke Blattachsen entfernen, das Zarte in feine Streifen schneiden.

Nach Ablauf der Garzeit die Form aus dem Backofen nehmen, die Hähnchenteile vorsichtig herausnehmen und kurz beiseitelegen. Das »Rhabarberklein« und die Spargelstücke in der Form verteilen. Dann die Keulen auf dem Gemüsebett platzieren. Die »Nadeln« des zweiten Rosmarinzweigs abzupfen, grob hacken und über die Hähnchenteile streuen. Zurück in den Backofen schieben und ohne Deckel für weitere 20 Minuten garen lassen. Dabei immer wieder in die Haut der Hähnchenkeulen stechen, damit das Fett austritt und sie schön knusprig werden.

Das Gericht aus dem Backofen und die Keulen aus der Form nehmen, kurz warm stellen. Das Gemüse abschmecken und eventuell nachwürzen.

Dazu passen gekochte Kartoffeln.

TIPP:
Rhabarber am besten mit Milchprodukten kombinieren, denn das Calcium bindet einen Teil der Oxalsäure – und diese gebundene Form kann nicht mehr vom Organismus aufgenommen werden, sondern wird einfach wieder ausgeschieden. Leider mitsamt dem wertvollen Calcium. Zeitversetzt zum Rhabarberverzehr also besser ein Glas Milch extra trinken!

ZUTATEN

4 EL Butter
1 Zwiebel
2 Rosmarinzweige
1 TL Wacholderbeeren
200 ml feinherber Weißwein
200 ml Geflügelbrühe
2 EL Honig
4 Hähnchenkeulen (à ca. 150 g)
Salz
Pfeffer aus der Mühle
1 kg weißer Spargel
200 g Rhabarberstängel
1 frisches, mittelgr. Rhabarberblatt

Rhabarber-Erdbeer-Kuchen

SÜSSE VERFÜHRUNG − AUSNAHMSWEISE OHNE RESTEVERWERTUNG

ZUTATEN
Für den Teig
½ unbeh. Zitrone
75 g Quark
50 g Zucker
2 EL Milch
3 EL Öl
1 Pr. Salz
150 g Mehl
½ Pck. Backpulver

Für den Belag
500 g Rhabarber
150 g Zucker
250 g Erdbeeren

Für den Guss
2 Eier (Gew.-Kl. M)
200 g saure Sahne
75 g Zucker
25 g gehackte Mandeln

Für den Teig die Schale der Zitrone in eine Rührschüssel reiben, Quark, Zucker, Milch, Öl und Salz zugeben und alles sorgfältig verrühren. Das Mehl mit dem Backpulver mischen und unterheben. Zu einem homogenen Teig verkneten und diesen auf einem Blech, ausgelegt mit Backpapier, ausrollen.

Den Backofen auf 200 °C vorheizen.

Für den Belag den Rhabarber putzen und in Stücke schneiden. In einem Kochtopf zusammen mit dem Zucker sowie 4 EL Wasser aufkochen und circa 5 Minuten köcheln lassen. Dabei regelmäßig rühren, damit nichts anbrennt. Vom Herd nehmen, das Rhabarbergemüse in ein Sieb schütten, abtropfen und auskühlen lassen.

Die Erdbeeren waschen, putzen und halbieren.

Rhabarber und Erdbeeren auf dem Teigboden verteilen.

Für den Guss die Eier mit der sauren Sahne und dem Zucker verquirlen und auf dem Belag verteilen. Zum Schluss die Mandeln darüberstreuen.

Den Kuchen 30 bis 40 Minuten backen.

Rhabarber-Chutney

ZUTATEN
400 g Rhabarber-
stangen
1 mittelgr. Rhabarber-
blatt
50 g Ingwer
1 Chilischote
200 g Schalotten
100 g gelierte Früchte
(z. B. Ananas)
1 Stiel Zitronengras
150 g Rohrzucker
8 EL Weißweinessig
100 ml Wasser
½ TL Currypulver

Die Rhabarberstangen schälen und in 1 cm dicke Stücke zerteilen. Das Rhabarberblatt waschen und in feine Streifen schneiden.

Den Ingwer schälen und grob hacken.

Die Chilischote entkernen und fein hacken.

Die Schalotten schälen und grob hacken.

Die gelierten Früchte fein würfeln.

Das Zitronengras in so große Stücke schneiden, dass man es nach dem Kochen wieder entfernen kann.

Sämtliche Zutaten in einen großen Kochtopf geben, aufkochen und danach circa 30 Minuten lang leicht köcheln lassen, bis ein dickes Kompott entsteht. Danach die Zitronengrasstängel herausfischen und wegwerfen.

Das Chutney noch heiß in dicht verschließbare, saubere Gläser füllen. Wie Marmelade hält es sich ungeöffnet ohne Kühlung bis zu einem Jahr; nach dem Öffnen gehört es in den Kühlschrank und sollte binnen einiger Wochen verbraucht werden.

Das pikante Chutney schmeckt zu Geflügel, Fisch, Fleisch und auch gut zu Käse.

Großmutters Rhabarber total

FÜR »HEUTIGE GAUMEN« LEICHT MODERNISIERT

KARAMELLISIERTES RHABARBERKOMPOTT

Die Rhabarberstängel putzen, mit dem Messer von unten nach oben die Haut von den Stielen abziehen. Anschließend der Länge nach halbieren und quer in ungefähr 5 cm lange Stücke schneiden.

In einem Kochtopf mit dickem Boden den Zucker gleichmäßig verteilen und bei mittlerer Hitze schmelzen lassen. Dabei nicht rühren. Wenn der geschmolzene Zucker eine goldbraune Färbung angenommen hat, die Rhabarberstücke in den Topf geben (Vorsicht, Spritzgefahr!).

Deckel auf den Topf legen und die Karamell-Rhabarber-Mischung aufkochen lassen. Deckel wieder abnehmen und den Topfinhalt leicht köcheln lassen. Wenn sich kleine Klümpchen gebildet haben, so lange weiterrühren, bis sich diese auflösen. Das Kompott in eine Schüssel umfüllen und kalt stellen.

Vor dem Servieren die Schlagsahne mit dem Vanillezucker steif schlagen und das Rhabarberkompott mit einem Klacks steifer Sahne verzieren; den Rest dazu servieren.

KARTOFFELSALAT MIT RHABARBERBLÄTTERN –
EIN ALTES FAMILIENREZEPT VON MEINER URGROSSMUTTER

Die Rhabarberblätter waschen. Die dicken Innenrippen herausschneiden und wegwerfen. Die zarten Blattstücke in feine Streifen schneiden.

Wasser in einem Topf aufkochen lassen und darin die Blätter kurz blanchieren, danach herausschöpfen und kalt abbrausen. Beiseitestellen. Das Wasser wegschütten.

Die Kartoffeln mit Schale und den Lorbeerblättern in Salzwasser 15 Minuten kochen lassen.

In der Zwischenzeit die Vinaigrette zubereiten: Den Essig in einen Rührbecher gießen, den Dijonsenf zugeben und unterrühren, ebenso Salz und Zucker. Frischen Pfeffer darüber mahlen. Langsam und unter kräftigem Rühren das Öl zugießen. Die fertige Vinaigrette in eine große Salatschüssel umfüllen.

Nach Ende der Kochzeit die Kartoffeln abgießen und abschrecken. Noch heiß pellen und in dünne Scheiben schneiden, und zwar direkt hinein in die vorbereitete Marinade.

Zum Schluss die klein geschnittenen Rhabarberblätter unterheben und alles grob vermischen.

TIPP:
Wer keinen eigenen Garten hat, kann Rhabarber mit Blattwerk meist beim regional agierenden Gemüsehändler vorbestellen.

ZUTATEN

Für das Kompott
400 g Rhabarberstängel
150 g Zucker
200 g Schlagsahne
1 Pck. Bourbon-Vanillezucker

Für den Salat
2 Rhabarberblätter
1 kg kl. festk. Kartoffeln
2 Lorbeerblätter
Salz

Für das Dressing
8 EL Weißweinessig
1 EL Dijonsenf
Salz
1 Pr. Zucker
Pfeffer aus der Mühle
16 EL feines Speiseöl

Spargel – ein »erotisches« Gemüse mit Heilwirkung

Der Spargel – zunächst in seiner Wildform – erfreut die Menschheit seit etwa 5000 Jahren. In früheren Zeiten hauptsächlich wegen seiner Heilkraft genutzt (er wirkt vor allem harntreibend), lieben wir den Gemüsespargel heute eher aufgrund seiner Küchenambitionen.

Kultiviert und großflächig angebaut wird der weiße Spargel erst seit Ende des 19. Jahrhunderts. Zunächst kannte man nur den vorwitzig weit aus dem Boden ragenden Vertreter; dessen oberirdische Triebe bilden mithilfe des Sonnenlichtes Chlorophyll und färben sich so in voller Länge grün – daher auch der Name grüner Spargel. Der weiße Spargel hingegen erblickt niemals »das Licht der Welt«, unter seinem schützenden Erdhügel bleibt er rein weiß. In Frankreich erntet man das Gemüse am liebsten, wenn die Spargelköpfe soeben aus der Erde lugen und sich unter Lichteinwirkung grünlich-violett gefärbt haben – worauf der Name violetter Spargel deutet.

Köstliche Spargelrezepte lassen sich zahlreich finden – im Folgenden liegt die Gewichtung auf der Verwendung sämtlicher Teile der »verführerischen« Stangen.

Spargelcremesuppe

Den Spargel sorgfältig schälen und die unteren Enden abschneiden; Schalen und Endstücke aufbewahren.

In einen größeren Kochtopf 2 l kaltes Wasser füllen. Zucker, Salz sowie die Spargelschalen und -endstücke zufügen und zum Kochen bringen. Die Schalen so lange kochen, bis sie weich sind (das dauert circa 45 Minuten). Erwünschter Nebeneffekt: Die Flüssigkeitsmenge wird reduziert, der Geschmack der Brühe intensiviert. Im Anschluss den Topfinhalt durch ein Sieb gießen, dabei den Spargelfond auffangen. 600 ml hiervon abmessen und beiseitestellen für die Spargelcremesuppe. Den restlichen Fond friert man ein zur späteren Verwendung.

Von dem geschälten Spargel 400 g abwiegen und in kleine Stücke schneiden. (Hinweis: Die restlichen 400 g geschälten Spargel verwendet man anderweitig; für einen geschmacksintensiven Suppenfond waren jedoch Schalen von 800 g Spargel nötig.)

Die Schalotten schälen und in kleine Würfel schneiden.

Die Butter im Kochtopf schmelzen lassen, darin die Schalottenwürfel leicht anschwitzen (nicht braun werden lassen!). Die Spargelstücke zugeben und den -fond angießen. Der Spargel ist zwar bereits nach circa 15 Minuten gar, aber man lässt die Suppe zusätzlich noch etwas einköcheln, bevor man die Sahne zufügt. Im Anschluss mit dem Pürierstab sorgfältig zu Mus zerkleinern und dieses durch ein Sieb passieren.

Die Spargelcremesuppe mit Salz, Pfeffer und Zucker abschmecken und je nach Gusto einen kleinen Spritzer Zitronensaft zugeben.

ZUTATEN

800 g weißer Spargel
1 Pr. Zucker
Salz
2 Schalotten
50 g Butter
600 ml Spargelfond
(selbst zubereitet)
500 ml Schlagsahne
Pfeffer aus der Mühle
1 Spritzer Zitronensaft

FRITTATA MIT SPARGEL

Frittata mit Spargel

... UND VIELEN LECKEREN RESTEN AUS DEM KÜHLSCHRANK

Die Stangen vom grünen Spargel im unteren Drittel schälen und holzige Endstücke abschneiden. In circa 2 bis 3 cm lange Stücke schneiden.

In einer heißen Pfanne das Öl erhitzen und den Spargel darin einige Minuten unter Wenden anschwitzen lassen. Etwa 2 EL Wasser zugeben und zugedeckt bissfest schmoren lassen (das dauert etwa 10 Minuten).

Den Backofen auf 180 °C vorheizen.

Eine feuerfeste Form mit kleinem Rand dünn ausbuttern. Darin die Spargelstücke verteilen.

Die Wurstreste klein schneiden und gleichmäßig verteilt in die Form geben.

Die Oliven hacken und ebenfalls über den Spargel streuen.

Die Eier mit der Sahne verquirlen, salzen, pfeffern und mit Muskat abschmecken. Die Eiersahne über den Spargel gießen.

Den Hartkäse reiben und die Hälfte davon zuoberst in die Form streuen. Diese in den Backofen schieben und die Frittata in 20 Minuten goldbraun backen.

In der Zwischenzeit die Kräuter waschen, trocken tupfen und klein hacken.

Die Frittata aus dem Backofen nehmen und die frischen Kräuter sowie den restlichen Käse darüberstreuen. In Stücke geschnitten servieren.

ZUTATEN

500 g grüner Spargel
2 EL Olivenöl
2 EL Butter
150 g gek./rohe(r) Schinken/Lyoner/ Salami
50 g entsteinte Oliven (schwarz/grün)
8 Eier (Gew.-Kl. M)
50 ml Sahne
Salz
Pfeffer aus der Mühle
frisch ger. Muskatnuss
50 g Hartkäse
1 Handvoll frischer Kräuter der Saison

Spargel-Kartoffel-Rösti mit Kräuterquark

EINE LECKERE RESTEVERWERTUNG UNGESCHÄLTEN SPARGELS

Die Spargelstangen am unteren Ende abschneiden und bei Bedarf dünn schälen. Danach grob raspeln.

Die Kartoffeln schälen, waschen und raspeln. Die Raspel kräftig mit den Händen ausdrücken, dabei die Flüssigkeit in einer Schüssel auffangen. Nach kurzer Wartezeit hat sich die Kartoffelstärke am Boden abgesetzt. Nun die Flüssigkeit vorsichtig in den Ausguss gießen, zurück bleibt die Stärke.

Die Kartoffel- und die Spargelraspel in die Schüssel geben und mit der Stärke vermengen. Die Eier sowie die Gewürze ergänzen und alles sorgfältig miteinander vermischen. Wenn die Masse zu feucht erscheint, etwas Mehl darüberstäuben.

Eine Pfanne erhitzen, darin etwas Butterschmalz zerlassen und kleine Kleckse der Spargel-Kartoffel-Masse ins heiße Butterschmalz setzen und zu flachen Talern drücken. Von beiden Seiten kross braun braten. Warm stellen, bis sämtliche Rösti gebraten sind.

Die Kräuter waschen, trocken tupfen und hacken; davon etwa 1 Esslöffel für die Garnierung beiseitestellen.

Den Quark und den Joghurt sorgfältig miteinander verrühren und circa 3 Esslöffel Kräuter unterheben. Mit einem Spritzer Zitronensaft sowie Salz und Pfeffer abschmecken.

Die Rösti mit dem Quark anrichten, vor dem Servieren frische Kräuter darüberstreuen.

ZUTATEN

500 g grüner Spargel
500 g festk. Kartoffeln
2 Eier
1 TL Muskat
Salz
Pfeffer aus der Mühle
etwas Mehl
3 EL Butterschmalz
1–2 Handvoll frische gem. Kräuter
250 g Quark
200 g Naturjoghurt
1 Spritzer Zitronensaft

Spargel-Kartoffel-Taler mit Spargelsauce

ZUTATEN

Für den Teig

12 Stangen
weißer Spargel

500 g mehlig
kochende Kartoffeln

2 EL feines Speiseöl
zum Braten

2 Eier (Gew.-Kl. M)

2 EL Mehl

2 EL Quark

Salz

Pfeffer aus der Mühle

1 EL Butter

Für den Belag

50 ml Spargelfond

80 g Butter

1 EL Zitronensaft

1 Pr. Salz

1 Zweig glatte
Petersilie

Den Spargel schälen und bei Bedarf die Enden abschneiden (Schalen und Endstücke nicht wegwerfen!), in kochendem Wasser circa 20 Minuten lang garen, bis er bissfest ist. Durch ein Sieb abgießen, dabei den Sud auffangen.

In dem Spargelsud die Schalen und die Endstücke nochmals aufkochen und anschließend weich köcheln lassen (das dauert etwa 45 Minuten). Vom Herd nehmen, durch ein Sieb abgießen, dabei den Spargelfond auffangen.

Die Kartoffeln waschen und mit Schale weich kochen. Im Anschluss schälen und durch eine Presse drücken.

Den gegarten Spargel in dünne Scheiben schneiden. In einer Pfanne 1 EL Öl erhitzen und den Spargel darin für 5 Minuten anbräunen.

Die Eier in einer Rührschüssel verquirlen. Das Mehl, den Quark sowie das Kartoffelpüree unterheben und alles gut miteinander vermischen. Die Spargelscheiben vorsichtig unterheben und den Kartoffelteig mit Salz und Pfeffer würzen.

In der Pfanne 1 EL Öl sowie die Butter zusammen erhitzen. Mithilfe zweier Esslöffel portionsweise Spargel-Kartoffel-Masse abstechen, ins heiße Fett geben und in der Pfanne zu flachen Talern drücken. Diese von beiden Seiten circa 2 Minuten braten. Bei Bedarf die fertigen Taler im Backofen warm halten.

Für die Sauce 50 ml vom Spargelfond abmessen und in einem kleinen Kochtopf erhitzen. Die Butter stückchenweise unter ständigem Rühren mit dem Schneebesen in den Fond einarbeiten. Mit Zitronensaft und auf Wunsch etwas Salz abschmecken.

Auf einem vorgewärmten Teller einen Saucenspiegel machen und darauf die Taler anrichten. Mit Petersilie garnieren.

Dazu mundet ein frischer Salat.

TIPP:
Frischen Spargel erkennt man an einer noch feuchten, nicht angetrockneten Schnittkante und an geschlossenen Köpfen. Zudem erzeugen frische Stangen ein quietschendes Geräusch, wenn man sie aneinanderreibt.

Gemüse-Allerlei

Natürlich könnte man zu einem TK-Produkt greifen – doch wir schnippeln dieses bunte Grünzeug-Allerlei natürlich selbst aus Gemüseresten, die sich im Kühlschrank angesammelt haben. Dazu die Vorräte waschen, putzen, bei Bedarf schälen und »unschöne« Stellen entfernen. Dann das Gemüse klein schneiden und – wenn es nicht sofort als Mischgemüse auf den Tisch kommen soll – kurz blanchieren und nach dem Abkühlen portionsweise einfrieren. Später prima geeignet als »Topping« auf Kartoffelbrei, als Zutat von Suppen oder als farbiger Klecks auf dem Salatteller.

Was man noch Leckeres aus diversem Gemüse zaubern kann: siehe unten!

Gemüsefond

... AUS ZUTATEN, DIE VORRÄTIG SIND

Eine überzeugende Resteverwertung: Für den selbst gekochten Gemüsefond lassen sich sämtliche Gemüsereste verwenden, die Kühlschrank oder Speisekammer gerade hergeben. Die Zutaten sollten allerdings frisch und noch weitgehend knackig sein – denn altes, schlappes Gemüse liefert zu wenig Geschmack.

Eine aromastarke Kombi wäre beispielsweise: ein, zwei Zwiebeln, einige Möhren mit Grün, ein größeres Stück Sellerie mit Schale und Blättern, natürlich gut gewaschen, und Kohlrabi mit Blättern (sowie die Schalen von Letzterem), Mangoldblätter, ein, zwei Zucchini. Hier heißt es einfach mutig auszuprobieren, welche Gemüsesorten geschmacklich harmonieren – allzu viel falsch machen kann man nicht!

Die nötige Würze erhält der Gemüsefond zusätzlich durch Gewürze wie Lorbeerblätter, frisch geriebene Muskatnuss, ein paar Nelken und Wacholderbeeren, Salz und Pfeffer. Petersilie und Liebstöckel mitsamt den Stängeln runden als Kräuter den Geschmack ab – viel mehr braucht es nicht fürs volle Gemüsearoma!

Thymian, Rosmarin, Majoran, Salbei und Oregano hingegen sind für den feinen Fond nicht geeignet, da diese Würzkräuter einen allzu dominanten Eigengeschmack besitzen.

UND SO WIRD DER GEMÜSEFOND ZUBEREITET

Anhaltspunkt für das Mengenverhältnis von Gemüse zu Wasser: Auf 1 Teil Gemüse kommen mindestens 4 Teile Wasser. Verwendet wird ein großer Kochtopf, der nicht bis zum Rand gefüllt werden sollte, sondern maximal zu drei Vierteln, damit später nichts überkocht.

Das Gemüse waschen, putzen und in Stücke schneiden. In den Kochtopf geben und mitsamt der angemessenen Menge Wasser sowie den Kräutern und Gewürzen einmal aufkochen lassen. Wenn sich Schaum bildet, diesen abschöpfen.

Den Topfinhalt für gut 1 Stunde simmern lassen, danach durch ein Sieb abgießen, dabei die Brühe auffangen. Das Durchsieben bei Bedarf so oft wiederholen, bis sämtliche festen Bestandteile entfernt sind.

Den Gemüsefond abkühlen lassen und portionsweise einfrieren. Fertig ist die Basis für köstliche Suppen und Saucen!

Rohkostsalat aus Gemüse und Obst

ZUTATEN

Für den Rohkostsalat

1 Paprika
(rot/grün/gelb)

½ Gurke

1 Apfel/1 Stück
Wassermelone

½ Kohlrabi

1 Möhre

¼ – ½ Zwiebel

½ Fenchelknolle

4 Cocktailtomaten/
1 gr. Tomate

1 Stück Sellerie

Für die Vinaigrette

2 EL feiner Essig

4 EL kalt gepr. Öl

1 TL Dijonsenf

75 ml Orangensaft

1 Pr. Zucker

Salz

Pfeffer aus der Mühle

Aus einem »Restesammelsurium« frischer Gemüsestücke und ein wenig Obst der Saison lässt sich in kurzer Zeit ein fruchtig-frischer Rohkostsalat – besonders geeignet für heiße Sommertage – zubereiten.

Die Zutaten: Je nach Geschmack alles, was Gemüsefach oder Vorratskammer hergeben; die Auflistung stellt somit nur eine Anregung dar. Und variieren kann man den Salat – je nach Kühlschrankvorräten und Gusto – mit einigen Würfeln Hartkäse, hart gekochten Eiern, etwas Schinken et cetera.

Die Zutaten für eine schnell gerührte Vinaigrette dürften ebenfalls im Haus sein.

Als Erstes wird das Gemüse je nach Sorte gewaschen und geschält – wobei die unbehandelte Gurke ihre Schale behalten darf.

Nun folgt der wichtigste Schritt: das Schneiden. Es werden sämtliche Obst- und Gemüseteile zur sogenannten Brunoise geschnitten. Dieser Begriff aus der Kochfachsprache bedeutet »übersetzt«: Das Gemüse wird in sehr kleine, gleich große Würfel von circa 2 mm Kantenlänge geschnitten. Heutzutage übernehmen intelligente Küchenmaschinen oft diesen Part. Falls solch ein »Helfer« im Haushalt fehlt, heißt es zum scharfen Messer greifen und fleißig schnippeln.

Das Ergebnis des Schnippelns in eine Salatschüssel geben und miteinander vermischen.

Sämtliche Zutaten zu einer cremigen Vinaigrette verrühren und diese über den Rohkostsalat träufeln. Noch schneller geht es übrigens mit einem Schüttelbecher.

Mischgemüse

ZUTATEN

div. Gemüsereste

Salz

1 Pr. Zucker

3 EL Butter

Pfeffer aus der Mühle

etwas Muskatnuss

Es genügt ein forschender Blick in den Kühlschrank, Vorratsraum, Keller: Was gibt es dort an Gemüse? Hauptsache, es wird ein Frischerlebnis! Ein spannendes Potpourri entsteht allemal fast automatisch aus (den Resten von) Kohlrabi, Erbsenschoten, Bohnen, Blumenkohl, Möhren, Lauch, Sellerie, Zucchini und Tomaten.

TIPP:
Lagerfähige Knollensellerie wegen Aroma & Vitaminen im Ganzen kaufen. Die spätere Schnittstelle mit Zitronensaft beträufeln und Frischhaltefolie abdecken.

Das Gemüse wird gewaschen und geputzt, je nach Sorte auch geschält. Danach in Stücke schneiden. Dabei bietet es sich an, schneller gar werdendes Gemüse (wie Zucchini) in etwas größere, langsamer garendes (wie Kohlrabi) in kleinere Stücke zu zerteilen. Die Tomaten müssen je nach Größe nur halbiert werden.

In einem größeren Kochtopf für die entsprechende Gemüsemenge genügend Salzwasser zum Kochen bringen, etwas Zucker zugeben, um das Gemüsearoma zu intensivieren. Das Gemüse – mit Ausnahme der Tomaten – hineingeben und in 15 bis 20 Minuten bissfest garen; danach sofort durch ein Sieb abgießen.

Die Butter in einer tiefen heißen Pfanne zerlassen und darin das abgetropfte Gemüse sowie die Tomaten kurz schwenken. Mit Salz und Pfeffer sowie – je nach Gemüsesorten – etwas frisch geriebener Muskatnuss würzen.

Dazu passen Nudeln, Reis oder Kartoffeln.

ROHKOSTSALAT AUS GEMÜSE UND OBST

Leipziger Allerlei

... AUF DIE FEINE URSPRUNGSART: ALS HAUPTGERICHT

ZUTATEN

Für den Teig
200 g Weißbrot-
scheiben
200 ml Milch
2 Eier (möglichst klein)
Salz
50 g Butter
Pfeffer aus der Mühle

Für das Mischgemüse
1,5 kg frisches Gemüse,
bestehend aus:
Spargel, Möhren,
Blumenkohl, feine
grüne Bohnen, Erbsen
Salz
1 Pr. Zucker

Verfeinerung
20 Krebsschwänze
in Lake
25 g getr. Morcheln
25 g Butter

Für das Finish
100 g Butter
30 g Mehl (Type 405)
250 ml Gemüsefond
(oder:
175 ml Gemüsefond +
75 ml Morchelfond)
200 ml Sahne
4 EL Weißwein
Salz
Pfeffer aus der Mühle
3–4 Stängel glatt-
blättrige Petersilie

Häufig bis zur Unkenntlichkeit zerkocht, hat dieses alte Traditionsrezept – völlig zu Unrecht! – seinen guten Ruf verloren. In der »ESSBAR«-Variante kommt es zu neuen Ehren: gesund, knackig und mit dem besonderen Pfiff.

In seiner Urform war Leipziger Allerlei übrigens ein echtes Festessen, serviert mit kleinen Semmelknödeln, Flusskrebsen und Morcheln. Heutzutage hat man die Wahl: rein frugal oder lieber etwas üppiger.

TEIG FÜR DIE SEMMELKNÖDEL

Das Weißbrot klein schneiden, in eine Schüssel geben und mit der Milch übergießen.

Die Eier sauber in Eiweiß und Eigelb trennen und das Eiweiß mit einer Prise Salz zu festem Schnee schlagen.

In einem Schälchen die zimmerwarme Butter glatt rühren und die Eigelbe nacheinander untermixen. Zum Brot geben und mit der Weißbrot-Milch-Mischung zu einem Teig vermengen, diesen salzen und pfeffern.

Das steif geschlagene Eiweiß ebenfalls unterziehen und den Knödelteig erst einmal kühl stellen.

(LEIPZIGER) MISCHGEMÜSE

Das Gemüse waschen, putzen und/oder schälen und jeweils in die passende Größe zerteilen: den Blumenkohl in Röschen, die Möhren in Scheiben, den Spargel in Stücke, die grünen Bohnen ebenfalls in Stücke; die Erbsen werden aus den Schoten gepult.

In einem großen hohen Topf Wasser mit Salz und etwas Zucker zum Kochen bringen.

Damit jedes einzelne Gemüse später knackig-bissfest ist, geht man beim Garköcheln am besten in dieser Reihenfolge vor:

Als Erstes den Spargel ins kochende Wasser geben und die Küchenuhr auf 12 Minuten stellen (Gesamtgarzeit Spargel). Nach Ablauf von 4 Minuten (die Uhr zeigt 8 verbleibende Minuten an) die Möhren und den Blumenkohl zufügen. Nach insgesamt 6 Minuten Kochzeit (und 6 weiteren verbleibenden Minuten) die grünen Bohnen ergänzen. Als Letztes nach 8 Minuten (die Uhr zeigt 4 Minuten Restzeit an) die Erbsen zugeben.

Den Backofen auf 80 °C vorheizen.

Nach insgesamt 12 Minuten Kochzeit das Gemüse abgießen, dabei den Fond auffangen. Das Gemüse zugedeckt im Backofen warm halten.

Vom Gemüsefond 250 ml für die Sauce abmessen und beiseitestellen. Den restlichen Fond kann man – sofern man möchte – für spätere Zwecke einfrieren; er bildet eine gute Basis für Suppen und Saucen.

KNÖDEL GAREN

Aus dem Teig etwa 20 Knödel formen und diese portionsweise in einer größeren Menge kochenden Salzwassers für 8 Minuten garen. Warm stellen.

GEMÜSE-VERFEINERUNG

Die Morcheln in einer Schale Wasser so lange einweichen, bis sie glibberig-weich sind. Herausschöpfen und gründlich mit kaltem Wasser abspülen. Den Morchelfond durch ein Sieb gießen, 75 ml Fond abmessen als Ergänzung des Gemüsefonds für die Sauce.

Die Morcheln ausdrücken, grob zerteilen und mit den Krebsschwänzen erst einmal beiseitestellen.

DAS FINISH: WEISSE SAUCE & CO.

In einem Schälchen die zimmerwarme Butter mit dem Mehl glatt rühren.

Den Gemüsefond und die Sahne zusammen aufkochen. Darin die Butter-Mehl-Mischung unter ständigem Rühren auflösen.

Die Sauce circa 2 Minuten köcheln lassen, bis sie sämig ist. Mit Weißwein, Salz und Pfeffer abschmecken.

Die Petersilie putzen und hacken.

Bei der feinen Variation 25 g Butter zerlassen und darin die Morcheln und die Krebsschwänze schwenken, bis sie heiß sind; etwas salzen.

Das Gemüse auf Teller verteilen, die Sauce darum herum verteilen und gegebenenfalls Pilze sowie Meeresfrüchte obenauf platzieren.

Die Knödel verteilen, das Gericht großzügig mit gehackter Petersilie bestreuen – voilà!

Mediterranes Schmorgemüse

AUF FRANZÖSISCH: RATATOUILLE

Das Gemüse waschen, putzen, bei Bedarf schälen und in große Stücke/Würfel schneiden. Eventuelle frische Tomaten vierteln. Die Knoblauchzehen schälen und klein würfeln. Dabei die Gemüsearten wegen ihrer unterschiedlich langen Garzeit getrennt lassen.

Die Kräuter waschen, trocknen und klein schneiden.

Die Reste von Wurst und/oder Fleisch in mittelgroße Würfel schneiden, Oliven halbieren, getrocknete Tomaten in Stücke schneiden.

In einer großen Pfanne 3 EL Öl erhitzen, die Zwiebel- und die Paprikastücke 3 Minuten darin anbraten, danach die Zucchini- und die Auberginenwürfel zugeben und weitere 3 Minuten mitbraten. Den gewürfelten Knoblauch zufügen, das Tomatenmark zugeben und für etwa 2 Minuten mit anrösten.

Mit der Gemüsebrühe ablöschen, das Gros der Kräuter sowie die (Dosen-)Tomaten hineingeben und das Mischgemüse weitere 10 Minuten köcheln lassen. Hinweis: Bei der Verwendung von Dosentomaten mit viel Flüssigkeit sollte man zunächst nur einen Teil der Brühe angießen, um den »Eintopfcharakter« zu vermeiden.

Die Wurst-/Fleischstücke in einer separaten Pfanne mit 1 EL Öl kurz anbraten und dann mitsamt den übrigen Restezutaten in das Ratatouille geben. Mit Salz, Pfeffer und Zucker sowie den restlichen frischen Kräutern abschmecken.

TIPP:
Das würzige, »nach Mittelmeer« duftende Mischgemüse eignet sich bestens für die Verwertung diverser Kühlschrankreste – und wird so fast zum Hauptgericht.

ZUTATEN

2 gr. Zwiebel

2 Paprika

2 Zucchini

1 Aubergine

2 Knoblauchzehen

3 EL Tomatenmark

250 ml Gemüsebrühe

1 Handvoll Kräuter (Petersilie, Thymian, Majoran, Oregano, Rosmarin, Liebstöckel etc.)

1 Dose geschälte Tomaten/3–4 weich gewordene Exemplare

Resteverwertung: Salami, Braten, Fleischwurst, Oliven, Kapern, eingel. getr. Tomaten

4 EL Öl

Salz

Pfeffer aus der Mühle

1 Pr. Zucker

GURKENSCHIFFE MIT BRATWURSTBRÄT

Gurkenschiffe mit Bratwurstbrät

... DIESE SCHIFFSLADUNG SCHMECKT NICHT NUR KINDERN

Von den gegrillten groben Bratwürsten die Pelle abziehen und das Brät fein hacken. (Falls vom Grillen keine Bratwürste übrig geblieben sind, kann man auch frische nehmen und das Brät herausdrücken.)

Den Oregano waschen und die Blättchen fein hacken.

Die Gurken waschen, abtrocknen und streifenförmig schälen, sprich längs schälen und dazwischen immer einen schmalen Streifen Schale stehen lassen. Die Gurken der Länge nach halbieren und mit einem Löffel aushöhlen. Die Kerne entsorgen, das übrige Gurkenfleisch klein hacken.

Einen ausreichend großen Schmortopf mit 3 EL Olivenöl einfetten und die Gurkenschiffe hineinlegen.

Das Bratwurstbrät mit dem gehackten Gurkenfleisch und dem Oregano mischen, mit Salz und Pfeffer abschmecken. Diese Füllung in die Gurkenhälften verteilen. Die Gurken auf dem Herd anschmoren lassen. Nach 10 Minuten den Wein (sofern keine Kinder mitessen) und die Brühe (gegebenenfalls um 100 ml aufgestockt) zugeben sowie das Tomatenmark einrühren. Das Gericht weitere 30 Minuten zugedeckt schmoren lassen.

In der Zwischenzeit die Tomaten waschen, putzen und in kleine Würfel schneiden. In einem Schälchen mit Salz und Pfeffer würzen sowie circa 2 EL Olivenöl untermengen.

Nach Ende der Garzeit die Gurken zum Servieren auf Teller und obenauf die Tomatenwürfel verteilen. Dazu schmeckt geröstetes Brot.

TIPP:
Ein leckeres Montagsreste-essen: die übrig gebliebenen Bratwürste vom Grillwochen-ende und ein paar »verges-sene«, also leicht unansehn-liche Salat-/Schmorgurken.

ZUTATEN

4 grobe Bratwürste (schon gegrillt/ggf. frisch)

2 Stängel Oregano

4 dicke (Schmor-)Gurken

5 EL Olivenöl

Salz

Pfeffer aus der Mühle

100 ml Weißwein (nur bei erwachsenen Mitessern)

200 ml Gemüsebrühe

1 EL Tomatenmark

einige Tomaten (sofern vorrätig; gern die schon etwas weichen verwerten)

Meerrettich-Pesto

ZUTATEN

20 junge Blätter
v. Gewöhnlichen
Meerrettich

2–3 weiße Blütenstiele
v. Gewöhnlichen
Meerrettich
(wenn verfügbar)

150 ml feines ge-
schmacksneutrales Öl

100 g gem. Mandeln
ohne Schale

100 g Parmesan
am Stück

etwas Öl als
»Deckschicht«

Die Meerrettichblätter waschen, die -blüten vom Stiel abzupfen.

Die Blätter zunächst auf einem gut feuchten Brett grob hacken, danach in einer Rühr-schüssel mitsamt den Blüten pürieren, dabei portionsweise das Öl zugießen.

Die Mandeln zugeben und alles nochmals fein pürieren.

Zum Schluss den Parmesan fein über die Masse reiben und sorgfältig untermischen.

Das Pesto in mehrere kleine, dicht verschließbare Gläser füllen. Obenauf so viel Öl gießen, dass das Pesto gut bedeckt ist. So »konserviert«, hält sich die Köstlichkeit ungeöffnet im Kühlschrank einige Monate.

Vor der Verwendung kann man das Pesto nach Ge-schmack mit Salz und Pfeffer nachwürzen.

TIPP:
Bei diesem Rezept heißt es raus aus der Küche, hinein in die Natur: Den Gewöhn-lichen Meerrettich findet man am Rande feuchter Wiesen, an Bachläufen und Flüssen. Die auffallend voluminösen Blätter sowie die Blüten erntet man im Sommer und Herbst.

Gemüse-Quiche

IN DER VARIANTE KOHLRABI & MÖHRE

ZUTATEN

100 g Quark (Fettge-
halt 20 %)

3 Eier (Gew.-Kl. M)

2 EL kalt gepr. Öl

½ TL Salz

50 g Weizenmehl

100 g Weizenvoll-
kornmehl

2 TL Backpulver

2 Kohlrabi mit Grün

500 g Möhren

200 g Schinken
(gekocht/geräuchert;
und/oder Salami)

1 Bund Schnittlauch/
3 Stängel Frühlings-
zwiebeln

150 g Käse (Blauschim-
mel wie Gorgonzola
und/oder Weißschim-
mel wie Camembert)

150 ml Buttermilch
(und/oder Sauerrahm,
Joghurt)

Pfeffer aus der Mühle
etwas Butter

In einer Schüssel den Quark mit 1 Ei, dem Öl, dem Salz, den Mehl-sorten und dem Backpulver sorgfältig verkneten und 30 Minuten kühl stellen.

Die Blätter vom Kohlrabi abschneiden, die Knolle schälen und würfeln. Die Möhren schä-len und ebenfalls würfeln. Den Schinken in ähnlich große Stücke schneiden. Den Schnitt-lauch/Die Frühlingszwiebeln sowie das Kohlrabigrün in Streifen schneiden. Das so Zerteilte in einer Schüssel miteinander mischen.

Den Käse klein schneiden, in einem Schälchen mit den 2 Eiern sowie dem Milchprodukt homogen verrühren und mit Salz und Pfeffer abschmecken.

Den Backofen auf 185 °C vorheizen.

Eine Quiche-Form einfetten, den Quarkteig ausrollen und einen kleinen Rand hochzie-hen. Darauf die Gemüse-Schinken-Mischung verteilen und mit der Käsecreme bedecken. Für 35 Minuten in den heißen Backofen stellen.

Rund um den Kohlrabi

Die gesunde »Kohlrübe« – die sich übrigens nicht nur zartgrün, sondern auch rötlich-violett »ummantelt« – mit ihrem üppigen Blattschmuck verführt uns vom Frühjahr bis hinein in den späten Sommer mit feinsten »Tutto-completto«-Rezepten.

Steinbeißerfilets unter einer Kruste aus Kohlrabiblätter-Pesto mit Kohlrabi-Paprika-Gemüse

Für das Pesto die Kohlrabiblätter waschen und mit Stiel in Streifen schneiden. Die Schalotte und die Knoblauchzehe schälen und in Würfel schneiden.

Die Sonnenblumenkerne in einer Pfanne ohne Öl anrösten, die Kerne in eine Rührschüssel umfüllen und beiseitestellen.

Nun das gesamte Öl in der Pfanne erhitzen und darin die Schalotten- und die Knoblauchwürfel kurz anrösten. Die Kohlrabiblätter dazugeben, für ein paar Minuten mitbraten und alles in die Rührschüssel umfüllen.

Die getrockneten Tomaten in feine Streifen schneiden, den Hartkäse grob zerkleinern und beides ebenfalls in die Schüssel geben.

Nun sämtliche Zutaten fein pürieren, mit Salz und Pfeffer und etwas Zitronensaft würzen. Erst einmal beiseitestellen.

Die Kohlrabiknollen schälen und in Würfel schneiden. In kochendem Salzwasser in gut 15 Minuten gar kochen; danach das Wasser abgießen.

Die Paprika- und die Chilischoten waschen, halbieren und Strunke, Kerne et cetera entfernen. Das Fruchtfleisch ebenfalls würfeln. Zum Kohlrabigemüse im Topf geben und warm stellen.

Den Backofen auf 180 °C vorheizen.

Die Cherrytomaten waschen, halbieren und die Schnittflächen salzen und pfeffern.

Die Fischfilets säubern, mit Zitronensaft beträufeln und salzen.

Das vorab zubereitete Pesto messerrückendick auf die Oberhaut der Filets auftragen. Die Fischfilets in eine mit Öl ausgepinselte Auflaufform geben. Die Cherrytomaten rundherum legen.

In den vorgeheizten Backofen schieben und auf mittlerer Schiene 20 Minuten lang backen.

Zum Servieren das Kohlrabi-Paprika-Gemüse zu den Cherrytomaten geben.

Dazu passen kleine Salzkartoffeln, Reis oder Spaghetti.

ZUTATEN

4 frische Kohlrabi
mit Blättern
2 rote Paprikaschoten
2 gelbe Paprikaschoten
2 gelbe Chilischoten
400 g Cherrytomaten
Salz
Pfeffer aus der Mühle
4 Steinbeißerfilets
Saft einer ½ Zitrone

Für das Pesto

Blätter der 4 Kohlrabi
1 Schalotte
1 Knoblauchzehe
1 Handvoll Sonnenblumenkerne
180 ml Öl
2 getr. Tomaten in Öl
50 g ger. Hartkäse
(aus dem Vorrat)
etwas Zitronensaft
Salz
Pfeffer aus der Mühle

Gefüllte Kohlrabi

ZUTATEN

4 gr. Kohlrabi mit
frischen Blättern

1 Handvoll frisches
Grün (variabel:
Spinat, Giersch,
glatte Petersilie)

1 mittelgr. Zwiebel

60 g Buchweizen

4 EL ger. Hartkäse
(variabel: Parmesan,
Grana Padano,
Pecorino, Cheddar etc.)

4 EL Crème fraîche

6 Tomaten oder rote/
gelbe Paprika (oder
beides gemischt)

1 TL getr. Würzkräuter
(Thymian, Oregano)

Salz

Pfeffer aus der Mühle

1 Pr. Muskat

200 ml Gemüsebrühe

Die Mengenangaben bei den einzelnen Zutaten sind bindend; womit der Kohlrabi aber konkret gefüllt wird, das richtet sich teils nach den Küchenvorräten.

Den Kohlrabi schälen und die Blätter abschneiden. Die Knollen aushöhlen und das Innere klein würfeln.

Die Kohlrabiblätter und das frische Grün waschen. Beides kurz in siedendem Wasser blanchieren, abtropfen lassen und grob hacken. Etwas vom Grün zum Garnieren übrig lassen.

Den Backofen auf 180 °C vorheizen.

Die Zwiebel schälen und würfeln.

In einer Schüssel die Buchweizenkörner, die Zwiebelwürfel, das gehackte Blattgrün, die Hälfte der Kohlrabiwürfel, den Hartkäse und 2 EL Crème fraîche vermischen. Die Füllung in die ausgehöhlten Kohlrabi geben und diese in eine feuerfeste Form stellen.

Die Tomaten und/oder Paprika waschen und in kleine Stücke schneiden. In einer Schüssel mit den restlichen Kohlrabiwürfeln und den Würzkräutern mischen. Mit Salz, Pfeffer und etwas frisch geriebenem Muskat abschmecken. Das Gemüse um die gefüllten Kohlrabi herum verteilen und die Gemüsebrühe angießen.

Im Backofen für circa 45 Minuten schmoren lassen. Nach Ende der Garzeit die restliche Crème fraîche in die Sauce geben und vor dem Servieren mit etwas frischem Grün bestreuen.

Dazu schmecken Baguette, kleine Salzkartoffeln oder Reis.

> **TIPP:**
> *Kohlrabi aushöhlen:*
> *Das obere Viertel der Knolle*
> *waagerecht abschneiden.*
> *Etwa 1 cm entfernt vom*
> *äußeren Rand ringsherum*
> *einschneiden bis 1 cm über*
> *dem Boden. Das Frucht-*
> *fleisch mit einem stabilen*
> *Löffel herausholen.*

Kohlrabiblätter-Pesto

ZUTATEN

Blätter von ca.
4 Kohlrabi (mit Stiel)

150 g Sonnen-
blumenkerne

2 Knoblauchzehen

200 ml feines
kalt gepr. Öl

Salz

Pfeffer aus der Mühle

etwas Öl als
»Schutzschicht«

Die Kohlrabiblätter waschen und mit den Stielen in Streifen schneiden.

Die Sonnenblumenkerne in einer Pfanne ohne Fett anrösten.

Die Knoblauchzehen schälen und grob hacken.

Sämtliche Zutaten mitsamt dem Öl in eine Rührschüssel geben und pürieren. Das Pesto darf am Ende ruhig noch ein wenig »stückig« sein.

Mit Salz und Pfeffer abschmecken und in ein, zwei Gläschen mit Deckel füllen. Obenauf eine dünne Schicht Öl träufeln; durch den Luftausschluss wird das Pesto haltbarer.

Salat – mehr als nur Beilage

Wer meint, Blattsalate schmeckten nur als frisch-knackige Beilage, der hat das Potenzial des »Hasenfutters« bislang gründlich unterschätzt. Welch köstliche Suppe zum Beispiel aus einem Kopfsalat entsteht, dürfte für so manche Überraschung sorgen. Auch hier lautet die Maxime: Neues wagen!

Kopfsalat mit Eier-Vinaigrette

ZUTATEN

2 Eier

1 gr. Kopfsalat
(oder: div. Reste
Blattsalat und Gurke)

1 Schalotte

Schnittlauch/Grünes
v. Frühlings-/
Lauchzwiebeln

2 EL Weißweinessig

1 TL Senf

1 TL Zucker

Salz

Pfeffer aus der Mühle

4 EL kalt gepr. Öl

Die Eier hart kochen, abkühlen lassen, pellen und in Würfel schneiden oder klein hacken.

Den Salat putzen, waschen und die dicksten Rippen flach schneiden. Anschließend in mundgerechte Stücke zupfen.

Sofern verwendet, das Gurkenstück waschen, schälen und in dünne Scheiben schneiden/hobeln; deren Schale in feine Streifen schneiden.

Die Schalotte schälen und würfeln.

Den Schnittlauch oder die Lauchzwiebeln in feine Röllchen schneiden.

Das frische Grünzeug mit Ausnahme der Schnittlauch-/Lauchzwiebelröllchen und, sofern vorhanden, des Gurkenschalengrüns in eine Salatschüssel geben.

Für die Vinaigrette Essig, Senf und Zucker miteinander verrühren, salzen und pfeffern und dann nach und nach unter kräftigem Rühren mit feinem Strahl das Öl zugießen, bis eine sämige Konsistenz entsteht.

Die Vinaigrette unter den Salat heben, die Eierwürfel und die Schnittlauch-/Lauchzwiebelröllchen darüberstreuen sowie, falls vorhanden, das Schalengrün.

Mit dunklem kräftigem Brot eine feine Mahlzeit!

TIPP:
Bunte Salatvariationen entstehen mit klein geschnittenen Resten von Käse, Schinken, Würstchen, Salami, Fleisch et cetera.

Salatröllchen mit Füllung

Die beiden Kopfsalate zerteilen und dabei 8 schöne Blätter auswählen, diese waschen und vorsichtig trocken tupfen. Der übrige Salat wird eingeschlagen und für spätere Zwecke im Kühlschrank aufbewahrt.

Die Salatgurke sorgfältig waschen, halbieren (die eine Hälfte für später im Kühlschrank lagern), schälen und in dünne Scheiben schneiden. Die Schalen in feine Stücke schneiden.

Den Frischkäse cremig verrühren, mit Meerrettich, Salz und Pfeffer würzen. Die Hälfte der Salatschalenstücke untermischen.

Die Forellenfilets, wenn nötig, von Gräten befreien und in 4 etwa gleich große Teile teilen.

Den Dill waschen und klein schneiden.

Bei den Salatblättern, wenn nötig, die mittlere dicke Rippe mit dem Messer leicht abflachen. Jeweils zwei Salatblätter überlappend aufeinanderlegen und mit der Frischkäsecreme bestreichen. Mit einem Stück Forellenfilet belegen. 3 Scheiben Salatgurke obenauf platzieren. Die Seiten der Salatblätter einschlagen und das Ganze vorsichtig zu einem »Päckchen« einrollen. Bei Bedarf mit einem Zahnstocher fixieren.

Auf Tellern anrichten, mit dem restlichen Schalengrün und dem Dill bestreuen und nach Geschmack nachwürzen.

TIPP:
Mit dem Rest von Gurke und Kopfsalat lässt sich zum Beispiel das Rezept »Kopfsalat mit Eier-Vinaigrette« zaubern.

ZUTATEN

2 Kopfsalate
½ Salatgurke
200 g Frischkäse
1 TL frisch ger. Meerrettich
Salz
Pfeffer aus der Mühle
200 g geräucherte Forellenfilets
1 Bund Dill

Blattsalat-Sahnecreme-Suppe

Den Kopfsalat putzen, waschen, trocknen und in Stücke zerpflücken.

Petersilie oder Kerbel waschen und klein schneiden.

Die Schalotte schälen, die Frühlingszwiebeln putzen und waschen und beides klein schneiden. In einem Kochtopf 2 EL Butter auslassen und darin die Zwiebelstückchen glasig dünsten. Mit der Gemüsebrühe ablöschen und ein paar Minuten köcheln lassen. Den Kopfsalat zugeben und zerfallen lassen. Die Küchenkräuter zufügen. Die Sahne zugießen und den Topfinhalt einmal aufkochen lassen.

Mit einem Stabmixer alle festen Bestandteile sorgfältig pürieren. Die Suppe würzen und nach Gusto mit Zitronensaft abschmecken. Die restlichen 2 EL Butter zugeben und die Suppe mit dem Pürierstab oder dem Handmixer schaumig aufschlagen. Sofort servieren.

ZUTATEN

1 mittelgr. Kopfsalat/ div. Blattsalatreste
2 Stängel Petersilie/ Kerbel
1 Schalotte
3 Frühlingszwiebeln
4 EL Butter
600 ml Gemüsebrühe
200 g Schlagsahne
Salz
Pfeffer aus der Mühle
1 Pr. Zucker
1 Pr. frisch ger. Muskatnuss
Saft einer ½ Zitrone

Pfiffiges 3-Tage-Rezept:
Salatteller – Risotto – Gemüseragout

LEICHT MODERNISIERT AUS EINEM ALTEN HANDSCHRIFTLICHEN KOCHBUCH

ZUTATEN

1. Tag

12 vorw. fest kochende Kartoffeln

2 Salatköpfe (Lollo bionda/rosso, Eisberg- oder fester Kopfsalat)

2 EL Weißweinessig

1 TL Senf

200 ml Gemüsebrühe

1 Pr. Zucker

Salz

Pfeffer aus der Mühle

4 EL kalt gepr. Öl

2 Schalotten

250 g Rauchfleisch

SALATTELLER

Die Kartoffeln mit der Schale gar kochen, etwas abkühlen lassen und dann pellen. 8 Pellkartoffeln warm halten, die übrigen 4 nach vollständigem Auskühlen in den Kühlschrank stellen.

Während die Kartoffeln kochen, den Salat putzen, waschen, trocknen und direkt in eine Salatschüssel hinein in mundgerechte Stücke zupfen.

Für die Vinaigrette Essig, Senf, Brühe und Gewürze verrühren und langsam das Öl unter kräftigem Schlagen zugeben. Die Vinaigrette unter den Salat heben. Die Hälfte des bereits angemachten Salates in eine kleine Schüssel umfüllen, abdecken und ebenfalls in den Kühlschrank stellen.

Die Schalotten schälen und ebenso wie das Rauchfleisch klein würfeln. In einer heißen Pfanne das Rauchfleisch kross anrösten, die Schalotten zufügen und kurz unter Wenden braten.

Zum Servieren die noch warmen Kartoffeln grob zerdrückt auf Teller verteilen. Den Salat auf die Kartoffeln geben. Die Speck-Zwiebel-Würfel ergänzen und alles miteinander mischen.

ZUTATEN

2. Tag

1 l Gemüsebrühe

4 EL Öl

500 g Risottoreis

2 gr. Schalotten

Salat vom Vortag

250 g ital. Salami am Stück

2 Stängel Liebstöckel

RISOTTO

Entweder aus 1 l kochendem Wasser und gekörnter Brühe eine Gemüsebrühe zubereiten oder dieselbe Menge selbst zubereiteter erhitzen.

3 EL Öl in einem Kochtopf erhitzen und darin den Risottoreis unter ständigem Rühren 1 bis 2 Minuten anschwitzen, dabei nicht braun werden lassen. Die Hitze reduzieren und die Hälfte der Brühe angießen, umrühren.

Die Schalotten schälen und klein würfeln.

Eine Pfanne heiß werden lassen, 1 EL Öl zugeben und den Salat vom Vortag samt Vinaigrette hineingeben und leicht karamellisieren lassen. Die Zwiebelwürfel zugeben und kurz mitschmoren lassen. Danach mit der restlichen Gemüsebrühe ablöschen.

Von dieser heißen »Salatbrühe« nun nach und nach kleine Mengen zum Risottoreis geben, bis dieser nach circa 25 Minuten »bissfest-weich« gegart ist. Dabei regelmäßig umrühren, damit nichts anbrennt. Sollte noch mehr Flüssigkeit als 1 l Brühe benötigt werden, einfach ein wenig heißes Wasser angießen.

Kurz vor Ende der Garzeit die Salami in kleine Würfel schneiden und zum Reis geben. Den Liebstöckel waschen, sehr fein schneiden und ebenfalls hineingeben. Beides unterheben.

Gut 2/3 des Risottos auf Teller verteilt servieren. Den Rest über Nacht kalt stellen.

GEMÜSERAGOUT

Das Gemüse vorbereiten: Die Möhren schälen und in etwas größere Würfel schneiden. Den Sellerie schälen und in ebenso große Würfel wie die Möhren schneiden. Die Lauchstangen putzen, waschen und in 1 cm dicke Scheiben schneiden. Die Radieschen samt Grün waschen, Letzteres abtrennen und klein schneiden, die Knollen größengerecht würfeln. Die Schalotten schälen und würfeln.

In einem heißen Kochtopf den Zucker unter Rühren schmelzen und darin die Möhren goldgelb karamellisieren lassen. Die Butter und die Schalottenwürfel zufügen. Dabei ständig rühren, damit nichts anbrennt.

Die Selleriewürfel zugeben und für einige Minuten unter Rühren mitschmoren lassen. Danach mit der Gemüsebrühe ablösen.

Den Lauch hineingeben und das Gemüseragout 10 Minuten lang köcheln lassen. Danach die Radieschenwürfel zugeben und weitere 10 Minuten mit garen. Das Radieschengrün unterheben und mit Honig, Salz, Pfeffer sowie Paprika würzen.

Zum Schluss die Salami sowie die Pellkartoffeln würfeln und mitsamt dem Risottorest vom Vortag zum Gemüse geben. Voilà, es kann serviert werden!

TIPP:
Dieses »Kettenrezept« ließe sich natürlich mit etwas Kreativität auch nach Tag 3 fortführen – sofern man größere Mengen zubereitet.

ZUTATEN

3. Tag
6 Möhren
½ Sellerie
2 Stangen Lauch
1 Bund Radieschen mit Grün
2 Schalotten
100 g Zucker
3 EL Butter
500 ml Gemüsebrühe
1 EL Honig
Salz
Pfeffer aus der Mühle
½ EL Paprikapulver
150 g ital. Salami
4 Pellkartoffeln von Tag 1
Risotto vom Vortag

Küchenkräuter, Gewürzkräuter, Gewürze – Was ist was?

Die Bezeichnung »Küchenkraut« oder »Gewürzkraut« ist kein Name im botanischen Sinne, sondern ein Begriff der Küchensprache. Er steht für Pflanzen, deren aromatische Blätter und Blüten frisch oder getrocknet als Geschmacksbereicherung in der Küche Verwendung finden. Mit »Gewürz« bezeichnet man eher die getrockneten Teile diverser Pflanzen (Samen, Früchte, Rinde, Wurzeln et cetera), die dann meist gemahlen werden. Aber all diese Definitionen besitzen keine sehr hohe Trennschärfe – im Grunde zählen nämlich auch die Küchenkräuter zu den Gewürzen.

Kräuter und Gewürze als reine Beigaben zur Grundnahrung dienen bereits seit Tausenden von Jahren der Geschmacksveränderung oder -verbesserung. So weisen Funde aus der Jungsteinzeit (circa 3000 Jahre v. Chr.) Rückstände von Kümmel- und Angelikawurzel auf.

Küchen- und Wildkräuter sind standortabhängig und wachsen regional sehr unterschiedlich. Sie punkten neben intensivem Aroma mit knackiger Frische. Unsere frühen Vorfahren sammelten das wilde Kraut zunächst überwiegend wegen seiner Heilwirkung; erst später landeten die Wildkräuter im Kochtopf – nach dem Motto: Was für die Gesundheit gut ist, kann für Gaumen und Magen nicht schlecht sein.

Gewürze besitzen sogar ein noch größeres Potenzial. Früher spielten sie eine bedeutende wirtschaftliche und politische Rolle. Wertvoll als Konservierungsstoff und als Grundlage vieler Arzneimittel, verhalf der Gewürzhandel oft zu großem Reichtum und wurde, wenn nötig, mit Waffengewalt verteidigt. So transportierte man auf den alten Salzstraßen das begehrte kostbare Kristall immer gut bewacht. Und Pfeffer wurde ehedem sogar mit Gold aufgewogen. Teuer sind mittlerweile nur noch Safran, Vanille und Kardamom.

Bis heute ungebrochen hingegen ist das Vergnügen, die vielen verschiedenen Kräuter und Gewürze in der heimischen Küche auszuprobieren, um Speisen kreativ zu verfeinern.

Altes Kräuterwissen neu belebt

Das Wissen um Verwendung und Heilwirkung von (Wild-)Kräutern gehört seit Urzeiten zum Kulturgut der Menschheit. Die Beliebtheit der krautigen Vitaminbomben erfuhr jedoch bis heute ein ständiges Auf und Ab. Zurzeit erlebt die Kräuterwelt wieder eine ungebremste Renaissance in unserer Küche.

Salbeifische

... AUS DEM »BLÄTTERWALD« EINES ÜPPIGEN SALBEISTRAUCHES

In einer Rührschüssel den Quark mit den Eiern, dem Mehl, der Milch, dem Zucker, dem Backpulver, dem Pfeffer und ein wenig Salz zu einem dickflüssigen Teig verarbeiten. Diesen zum Quellen etwas stehen lassen.

In der Zwischenzeit die Salbeiblätter waschen und trocken tupfen.

Das Öl in einer hohen Bratpfanne oder einem Kochtopf heiß werden lassen.

Die Salbeiblätter sorgfältig durch den Teig ziehen, sodass sie komplett von der Masse umhüllt sind, und fortlaufend im heißen Fett goldbraun ausbacken. Zum Abtropfen auf eine dicke Lage Küchenkrepp legen.

Der köstliche Knabberspaß sieht aus wie schwimmende Fische – daher der Rezeptname.

Die Salbeifische munden pur als Appetitanreger, aber auch zu italienisch angehauchten Gerichten oder zu Käse.

ZUTATEN

500 g Quark
3 Eier (Gew.-Kl. M)
200 g doppelgriffiges Mehl
200 ml Milch
50 g Zucker
2 TL Backpulver
½ TL weißer Pfeffer aus der Mühle
1 Pr. Salz
40 Salbeiblätter
ca. 150 ml Öl

Kräuter-Joghurt-Dressing

Die Kräuter waschen und fein hacken.

Den Joghurt mit Senf, Zitronensaft und Honig gut verrühren.

Die Kräuter untermischen und nicht zu kräftig salzen und pfeffern.

Das Dressing harmoniert besonders gut mit bunt gemischten Blattsalaten.

ZUTATEN

2 Bund gem. frische Kräuter (Schnittlauch, Dill, Kerbel, Sauerampfer, Petersilie)
200 g Joghurt
1 TL Senf
1 TL Zitronensaft
1 TL Honig
Salz
Pfeffer aus der Mühle

Kräuter-Cevice

ZUTATEN
Koriander, Dill,
Fenchelkraut,
Sauerampfer
(insg. ca. 1 Bund)
1 Zwiebel
500 g Fischfilet
(m. festem Fleisch)
und/oder Garnelen/
Scampi
1 unbeh. Limette/
Zitrone
etwas Chilipulver/
max. ½ frische
Chilischote
Salz
Pfeffer aus der Mühle

Cevice (Ceviche) ist ein kaltes Seafood-Gericht, besonders beliebt in Zentral- und Südamerika. Rohes Fischfilet und/oder Meeresfrüchte (wie rohe/gekochte Scampi oder Garnelen) werden mit Limetten- oder Zitronensaft, Kräutern sowie Salz, Pfeffer und Chili mariniert. Besonders erfrischend an heißen Tagen, lässt sich das pikante Cevice mit den verschiedensten frischen Kräutern immer wieder neu komponieren. Und auch die Fischsorten sowie das Mengenverhältnis von Fisch und Meeresfrüchten sind variabel.

Die Kräuter waschen, trocknen und grob hacken.
Die Zwiebel schälen und in feine Ringe schneiden.
Den Fisch dünn aufschneiden (das geht übrigens einfacher, wenn er leicht tiefgefroren ist). Die Garnelen waschen, trocken tupfen und je nach Größe längs halbieren. Fisch und Meeresfrüchte auf einer Platte oder Einzeltellern anrichten.
Von der Limette/Zitrone zunächst dünne, feine Streifen abschälen, dann halbieren und den Saft auspressen.
Die Chilischote waschen, halbieren, die Kerne entsorgen, je nach gewünschtem Schärfegrad ein Stück der Schote fein hacken.
Den Saft und die Schale der Limette, die Kräuter, die Zwiebelringe und die Gewürze verrühren und kräftig würzen. Die Marinade auf dem Fisch/den Garnelen verteilen und das Cevice vor dem Servieren gut 30 Minuten im Kühlschrank durchziehen lassen.
Dazu schmeckt frisches Baguette oder gerösteter Toast.

Kräuter-Kartoffel-Knusperle

ZUTATEN
400 g fest kochende
Kartoffeln
2 Handvoll frische
Kräuter
(Küchen-/
Wildkräuter je nach
Verfügbarkeit)
4 Möhren
50 g Hartkäse
(gemäß Vorrat)
2 Eier (Gew.-Kl. M)
Salz
Pfeffer aus der Mühle
1 Pr. Muskat
3 EL Butterschmalz

Die Kartoffeln garen, nach kurzem Abkühlen pellen und mit dem Kartoffelstampfer in einer Rührschüssel grob zerquetschen.
Die Kräuter waschen, trocknen und fein schneiden.
Die Möhren schälen und grob raspeln.
Den Hartkäse ebenfalls grob reiben.
All diese Zutaten in die Schüssel geben und zu einem Teig verarbeiten, dabei die Eier einzeln einarbeiten. Mit Salz, Pfeffer und Muskat würzen.
In einer großen Pfanne 3 EL Butterschmalz erhitzen, aus der Masse flache handtellergroße Fladen formen und in dem Fett von beiden Seiten knusprig braun braten. Bereits fertige »Knusperle« bis zum Servieren warm stellen.
Dazu passt hervorragend ein gemischter grüner Salat.

Rindersteaks mit Kräuter-Käse-Kruste

... UND RUCOLA EDEL IN SZENE GESETZT

Wir kaufen/sammeln »in einem Aufwasch« 2 Handvoll Kräuter. Die eine Hälfte wird zunächst eingeschlagen und im Kühlschrank »zwischengelagert« für den Tipp Kräuter-Smoothie.

Für die Kruste die zweite Hälfte Kräuter waschen, trocken tupfen und grob hacken. In einem Schälchen mit den Semmelbröseln, dem Eiweiß und 1 EL Öl vermischen. Den Hartkäse darüberreiben und unterheben.

Den Rucola verlesen, waschen und vorsichtig trocken tupfen. Auf Einzeltellern anrichten oder in eine große Salatschüssel geben.

Den Backofengrill anschalten zum Aufheizen.

In einer heißen Pfanne 2 EL Öl erhitzen, die Steaks salzen, pfeffern und von beiden Seiten je 1 Minute anbraten. Aus der Pfanne nehmen und in eine flache, ofenfeste Form setzen. Mit der Kräuter-Käse-Masse dick bestreichen und unter dem Grill (oder bei starker Oberhitze) 6 bis 7 Minuten gratinieren, bis die Kruste goldbraun ist.

Während die Steaks überkrusten, eine Vinaigrette rühren aus 2 EL Öl, Salz, Pfeffer, etwas Zucker und dem Weinessig. Die Walnüsse grob hacken und mitsamt den Pinienkernen untermengen. Die Vinaigrette über den Rucola geben.

Steaks und Salat sofort servieren. Dazu schmeckt ein knuspriges dunkles Brot.

TIPP:
Aus einer (halben) Handvoll frischer, eher »sanftmütiger« Kräuter, etwas Obst (z. B. Kiwi, Ananas, Apfel) und nach Bedarf etwas Fruchtsaft lässt sich im Mixer schnell ein gesunder Kräuter-Smoothie bereiten.

ZUTATEN

4 Minutensteaks vom Rind (à ca. 150 g)

2 Handvoll gem. frische Kräuter (Petersilie, Sauerampfer, Löwenzahnblätter, Minze, Kerbel, Oregano)

3 EL Semmelbrösel

1 Eiweiß

5 EL Olivenöl

50 g Hartkäse (Parmesan o. Ä.)

200 g Rucola (Rauke)

Salz

Pfeffer aus der Mühle

1 Pr. Zucker

2 EL Weinessig

2 EL Walnuss-/Pinienkerne

Kräutergemüse

Den Backofen auf 200 °C vorheizen.

Das Gemüse waschen und putzen. Die Möhren, die Zwiebeln und die Kartoffeln schälen.

Die Kartoffeln längs vierteln. Die Möhren der Länge nach ebenfalls vierteln. Mit dem übrigen Gemüse genauso verfahren.

Den Thymian und den Majoran waschen und trocken schütteln/tupfen. Die Blätter von den Stängeln abstreifen.

Das Olivenöl auf einem (tiefen) Backblech verteilen. Darauf zunächst das Gemüse mit längerer Garzeit platzieren – also die Kartoffel-, die Auberginen- und die Zucchiniviertel – und im heißen Backofen 15 Minuten lang garen. Dann die restlichen Gemüsestücke ergänzen und das Ganze weitere 15 Minuten schmurgeln lassen. Zum Schluss die Kräuter über das Ofengemüse streuen und nochmals für 5 Minuten in den Backofen schieben. Vor dem Servieren mit Salz und Pfeffer würzen.

ZUTATEN

Gemüse je nach Vorrat, z. B.:
4 Möhren, 2 Zwiebeln, 4 mittelgr. festk. Kartoffeln, 3 Zucchini, 2 Auberginen, 2 Paprika, 4 Tomaten

1 Bund frischer Thymian

1 Bund frischer Majoran (oder die selbst gesammelten wilden Varianten Dost und Quendel)

250 ml Olivenöl

Meersalz

Pfeffer aus der Mühle

Winter-würzige Weihnachtszeit

Gewürze bereichern fast jedes Gericht zu jeder Jahreszeit. Ihren großen Auftritt jedoch haben diese Nasen- und Gaumenschmeichler zur Winterzeit und absolute Hochkonjunktur um Weihnachten herum.

Durch ihr inneres Feuer verbreitet sich wohlige Wärme in unserem Körper und betörende Düfte ziehen durch Küche und Esszimmer. Da hat die Kälte des Winters kaum noch eine Chance!

Die zehn wichtigsten Wintergewürze sind: Anis, Ingwer, Kardamom, Koriander, Macis, Nelken, Piment, Sternanis, Vanille und Zimt. Wer nicht selber mörsern und experimentieren möchte, der greift zu einer der zahlreichen fertigen Gewürzmischungen aus dem Handel.

Glühweingewürz zum Beispiel stellt jeder Hersteller ein wenig anders zusammen; aber mit dabei sind stets Koriander, Nelken, Sternanis und Zimt, oft ergänzt um getrocknete Zitrusschale. Lebkuchengewürz beinhaltet Kardamom, Koriander, Muskat, Nelken, Zimt sowie Orangen- und Zitronenschale.

Eine kleine Ahnung davon, welche vielfältigen »Geschmackshorizonte« Gewürze allgemein eröffnen, vermitteln die Ideen auf den folgenden Seiten.

Gewürzbrot

ZUTATEN

3 EL Pinien-/
Sonnenblumenkerne/
gehackte Walnüsse

100 g Hartkäse
(Parmesan/Grana
Padano/alter Gouda
etc.)

3 Eier (Gew.-Kl. M)

150 ml Öl

250 g Weizenmehl

½ Pck. Backpulver

1 TL Kümmel

1 TL Majoran

1 TL milder Paprika

1 TL Thymian

125 ml Buttermilch/
saure Sahne/Joghurt

½ TL Salz

Pfeffer aus der Mühle

2 EL Butter

Mehl zum Bestäuben

Den Backofen auf 180 °C vorheizen.

In einer heißen Pfanne die Kerne ohne Fett anrösten und auskühlen lassen.

Den Hartkäse reiben.

Die Eier mit dem Öl schaumig aufschlagen.

Das Mehl und das Backpulver in einer großen Schüssel miteinander mischen. Dann zunächst die Eier-Öl-Mischung und die Gewürze untermengen, danach das/die Milchprodukt(e), den Käse und die Kerne. Den Teig mit Salz und Pfeffer abschmecken und alles gut miteinander verkneten.

Eine Kastenform (26 cm Länge) sorgfältig mit Butter einfetten und mit Mehl bestäuben. Den Teig einfüllen und 50 bis 60 Minuten lang backen. Ob das Brot fertig ist, zeigt am zuverlässigsten die Stäbchenprobe (siehe Tipp). Das Gewürzbrot aus dem Backofen nehmen und 15 Minuten ruhen lassen.

TIPP:
Stäbchenprobe: Man sticht mit einem Holzstab in die Mitte des Brotlaibes oder Kuchens. Wenn am wieder herausgezogenen Stab weder Teig klebt noch Krümel haften, ist das Backgut fertig.

GEWÜRZBROT

Currypulver

... AUS DER EIGENEN MANUFAKTUR

ZUTATEN

**Mischung 1
(für Fleisch)**

4 TL Kreuzkümmel
4 TL gem. Gelbwurz
4 TL Korianderfrüchte
2 TL Kardamom
1 TL gem. Ingwer
1 TL Chilipulver
½ TL gem. Muskatnuss
½ TL gem. Nelken
½ TL. schw.
Pfefferkörner

**Mischung 2
(für Fisch und Geflügel)**

1 EL Korianderfrüchte
1 TL gem. Gelbwurz
1 TL Kreuzkümmel
1 TL schw.
Pfefferkörner
½ TL gem. Ingwer
½ TL Cayennepfeffer
¼ TL gem. Nelken

Unschlagbar lecker wird das beliebte, ursprünglich aus Indien stammende Curry mit selbst hergestelltem Currypulver. Und es ist zudem spannend und ein absolut sinnliches Vergnügen, mit »Gewürzresten« zu jonglieren und so immer neue Geschmackskompositionen zu kreieren.

Unerlässlich für die Zubereitung ist ein anständiger Mörser mit Stößel. Doch nicht alle Gewürze lassen sich darin problemlos fein zerkleinern, manche sind schlichtweg zu hart. Entweder zerstößt man diese nur grob – also so gut es eben geht –, oder man lässt sie ganz und röstet sie in einer Pfanne ohne Fett ein wenig an, das intensiviert den Eigengeschmack.

Etwas »widerspenstig« zeigen sich beispielsweise Bockshornklee, Gelbwurz, Mohnsaat, Kreuzkümmel, Koriander, Senfkörner und schwarze Pfefferkörner. Zimt, Nelken, Muskat, Kardamom hingegen lassen sich recht mühelos zermahlen. Einfach ausprobieren und Erfahrungen sammeln! Wer das Currypulver partout »ohne Biss« möchte, der dann natürlich von einzelnen Gewürzen auch fertig gekauftes Pulver zufügen.

Bevor ein Gewürz der Curry-Komposition beigemengt wird, heißt es probieren, um ein Gefühl für die jeweilige Schärfe und »Vorrangigkeit« zu bekommen. Also beherzt in eine Nelke oder eine Kardamomkapsel beißen oder einen Kreuzkümmelsamen zerkauen und dem Geschmack »nachlauschen« – danach darf das Gewürz ruhig wieder ausgespuckt werden.

Je nach Beschaffenheit die Gewürze in einer Pfanne ohne Fett rösten und/oder »gewürzweise« grob zerstoßen und/oder fein zermahlen. Danach sämtliche Gewürze sowie das eventuell fertig gekaufte Gewürzpulver sorgfältig miteinander mischen und das Currypulver in einem dicht verschließbaren, luftdichten Behälter lagern. Diese Menge reicht für circa 4 kg Fleisch.

Die Variante 2 wird auf dieselbe Art zubereitet, wie oben beschrieben. Diese Curry-Mischung reicht zum Würzen von circa 3 kg Fisch oder Geflügel.

TIPP:
Wenn die Currymischung langsam zur Neige geht, kann man das Norgerl um weitere Gewürze aus den eigenen (Reste-)Vorräten aufstocken – sozusagen Currypulver panta rhei!

Weinwürzige Zwetschgen

ZUTATEN

2 kg Zwetschgen
½ l Weinessig
½ l feinherber Rotwein
30 g Senfkörner
3 Gewürznelken
1 Zimtstange
2 Sternanis
200 g Zucker

Die Zwetschgen waschen und längs so aufschneiden, dass die Hälften noch zusammenhängen. Den Stein vorsichtig herausnehmen.

Den Essig und den Rotwein in einen Kochtopf gießen. Die ganzen Gewürze in ein Gewürzsäckchen oder ein(en) Teenetz/-filter geben; zubinden, damit nichts herausfällt. Die Flüssigkeit mitsamt den Gewürzen aufkochen.

Die Zwetschgen in diesem Sud portionsweise für 4 bis 5 Minuten »blanchieren«, danach herausschöpfen.

Die noch heißen Zwetschgen in vorbereitete, luftdicht schließende Gläser füllen und randvoll mit Sud aufgießen. Sofort verschließen.

Die Gewürzzwetschgen entwickeln nach etwa 3 Wochen ihr intensives Aroma und halten sich ungeöffnet ein gutes halbes Jahr – eine köstliche Beilage zu Geflügel-, Rind- und Schweinefleisch wie zu jeder Art von Käse.

Hähnchenspieße hot-spicy

Das Fleisch waschen und trocken tupfen. In 8 Längsstreifen schneiden.

Die Kräuter waschen, auf Küchenkrepp abtropfen lassen und die Zweige halbieren.

Die Chilischoten waschen und deren Strunke entfernen. Die Schoten längs halbieren und entkernen.

Die Fleischstreifen ähnlich einer Welle auf Holzspieße stecken, dazwischen jeweils die Chilischotenhälften und die Kräuterzweige.

Die Möhren schälen und in feine Scheiben schneiden. Die Zuckerschoten waschen und schräg halbieren. Die Schalotte und das Ingwerstück schälen und beides klein würfeln.

In einer Pfanne 2 EL Öl erhitzen, darin die Würfel von Schalotte und Ingwer anschwitzen und die Möhrenscheiben und Schotenhälften zugeben. Circa 5 Minuten dünsten, anschließend salzen und pfeffern.

Die Hähnchenspieße mit der Sojasauce bepinseln, eine große Pfanne erhitzen und 2 EL Öl hineingeben, darin die Spieße ungefähr 6 Minuten unter vorsichtigem Wenden goldbraun braten.

Dazu passt Reis oder Couscous.

ZUTATEN

400 g Hähnchen-
brustfilets

4 Zweige Rosmarin

8 Stängel Thymian

8 kl. Chilischoten

500 g Möhren

200 g Zuckerschoten

1 Schalotte

20 g Ingwer

4 EL Öl

Salz

Pfeffer aus der Mühle

2 EL Sojasauce

Glühweinfeigen mit überbackenem Schafskäse

SCHAFSKÄSEVERWERTUNG EINMAL ANDERS

Den Rotwein mit dem Glühweingewürz und dem Zucker in einem Topf erhitzen.

Die Feigen waschen, putzen und halbieren. Mit der Schnittfläche nach unten in den Sud legen und gut 5 Minuten darin ziehen lassen.

Den Grill des Backofens anheizen.

Die Feigenhälften mit der angeschnittenen Seite nach oben in eine feuerfeste Auflaufform legen und darauf den Schafskäse platzieren. Diesen mit etwas Honig bestreichen und darauf Butterflöckchen verteilen. In den Ofen schieben und 2 bis 3 Minuten überbacken lassen, bis der Käse bräunt und zu verlaufen beginnt.

In der Zwischenzeit den Rotweinsud köchelnd eindicken lassen.

Die Zimtstange der Länge nach in vier Stücke schneiden.

Zum Servieren die Rotwein-Käse-Feigen mit dem Sud beträufeln und der Zimtstange garnieren.

Zu diesem kleinen »Entree« passen am besten ein frischer Blattsalat und Baguette.

ZUTATEN

200 ml Rotwein

1 Beutel Glühwein-
gewürz

2 EL brauner
Rohrzucker

4 frische Feigen

Schafskäse, ausrei-
chend für 8 Würfel

1 EL Honig

20 g Butter

1 Stange Zimt

Früchte & Obst – ein bisschen (sinnvolle) Wortklauberei

Der Begriff »Frucht« hat eine umgangssprachliche und eine botanische Definition. Umgangssprachlich verstehen wir darunter einfach den nutzbaren Teil oder Abschnitt einer Pflanze – was ja vieles umfassen kann. Botanisch wird das viel (str)enger gefasst: Eine Frucht ist immer nur der Teil des Fruchtknotens, der die Samen einschließt. Oder anders gesagt: Obst entsteht aus befruchteten Blüten. Womit wir beim nächsten Begriff angelangt wären ...

In der Küchenpraxis ist »Obst« ein Sammelbegriff für sämtliche genießbaren Früchte und Samen, die wir meist roh essen. Angeboten werden im Handel: Beerenobst, Kernobst, Schalenobst, Steinobst, Südfrüchte und Zitrusfrüchte. Obst besitzt neben Gemüse die höchste Nährstoffdichte aller Lebensmittelgruppen – und ist damit für uns Menschen von unschätzbarem Wert.

Was manchen Leser überraschen mag: Die meisten Früchte leben auch nach dem Ernten weiter, sind somit keine tote Ware. Ihr Stoffwechsel bleibt teils sogar dann noch aktiv, wenn sie längst bei uns daheim in der Obstschale liegen – sie reifen zum Beispiel deutlich nach.

So steuert das Pflanzenhormon Ethylen auch nach der Ernte individuell den Reifeprozess vieler Früchte. Wir kennen das Phänomen bei Bananen, die im Ursprungsland grün geerntet werden. Während des Transports wird deren Reifeprozess durch Kühlen künstlich gestoppt, bei uns müssen die Bananen dann vor dem Verkauf zunächst in Reifekammern nachreifen. In den grünen Bananen ist Ethylen anfangs in so geringer Menge vorhanden, dass der biochemische Reifeprozess meist durch äußere Zugabe von gasförmigem Ethylen aktiviert werden muss. Die Bananen werden sozusagen aus ihrem Schlafzustand geweckt und dazu angeregt, nun ihrerseits Ethylen zu produzieren.

TIPP:
Klein geschnittenes Obst verliert schnell an Vitaminen. Durch Beträufeln mit Zitronensaft und abgedecktes Lagern im Kühlschrank kann der Vitaminverlust verzögert werden.

Erdbeeren, Pflaumen & Co.

Der Sommer ist zwar die Hochzeit der frischen Früchte, aber auch der Herbst hat einiges zu bieten. Besonders köstliche Geschmackskompositionen entstehen nun.

Obwohl die folgenden Rezepte von den Zutaten und auch vom Reifegrad der Früchte her teils aufeinander aufbauen, lässt sich jedes Gericht problemlos auch einzeln zubereiten.

Für die Erdbeerrezepte kauft man am besten gleich eine komplette Steige/Stiege Erdbeeren. Oder man geht ins Erdbeerfeld zum Selberpflücken. Davon für die Erdbeerknödel 20 gleich große, besonders schöne Früchte aussuchen. Die übrigen »auf Stellen« kontrollieren; diese Erdbeeren aussortieren – aber nicht wegwerfen! Die Stiege anschließend in eine sehr kühle Speisekammer stellen oder die Erdbeeren ins Gemüsefach des Kühlschranks tun. Ungewaschen, luftig und kühl gelagert, halten sich sehr frische, unbeschädigte Früchte bis zu 3 Tage.

Erdbeerknödel

Die 20 Erdbeeren putzen, waschen und vorsichtig trocknen.

Aus dem Quark, dem Mehl, den Eiern, 100 g Butter und der Prise Salz einen glatten, geschmeidigen Teig kneten. Etwas vom Teig in eine Handfläche geben und mit beiden Händen einen runden Knödel formen. Mit dem Daumen eine Vertiefung in den Knödel drücken und eine Erdbeere darin platzieren. Diese rundherum mit Teig ummanteln und dicht verschließen. Auf diese Weise insgesamt 20 Knödel formen.

Einen großen Kochtopf mit Salzwasser aufsetzen, dieses zum Kochen bringen, danach die Temperatur reduzieren. Im siedenden Wasser die Knödel in zwei, drei Durchgängen jeweils circa 10 Minuten gar ziehen lassen. Die fertigen Knödel abtropfen lassen und vorübergehend warm stellen.

Das Mark der Vanilleschote auskratzen und mit dem Vanillinzucker verrühren. Den schwarzen Pfeffer untermengen.

In einer Pfanne die restlichen 100 g Butter zerlassen, die Semmelbrösel zufügen und leicht rösten. Die Erdbeerknödel zunächst darin schwenken, anschließend für den besonderen Geschmackskick in dem Vanille-Pfeffer-Gemisch wälzen.

Die Knödel schmecken »solo« als Hauptgericht oder Nachtisch, passen aber auch gut zu Geflügel und anderem Fleisch.

ZUTATEN

20 gr. Erdbeeren
(= ca. 500 g)

500 g Quark

250 g Mehl

2 Eier (Gew.-Kl. M)

200 g Butter

1 Pr. Salz

½ Vanilleschote

1 Pck. Vanillinzucker

½ EL frisch gem.
schwarzer Pfeffer

15 EL Semmelbrösel
(gern selbst gemacht
aus 2 alten Brötchen)

Erdbeer-Eis-Würfeleien

ZUTATEN

ca. 250 g Erdbeeren (auch weniger frische)

etwas frische Minze/ Zitronenmelisse

Eiswürfel- behälter/-formen

Wasser

Der Handel hält eine Fülle lustiger Eiswürfelformen bereit. Bestückt mit Früchten und Wasser und danach tiefgefroren, kühlen die Eiswürfel nicht nur coole Drinks, das Gläschen Sekt oder peppen Mineralwasser auf, sondern sind zudem wahre Eyecatcher. Und haben sie ihren Kühldienst erfüllt, liefern sie zusätzliche Geschmackserlebnisse. Ein vielseitiger Würfelspaß!

VARIANTE 1

Erdbeeren waschen, putzen und pürieren. Das Fruchtmus in Eiswürfelbehälter füllen und mehrere Stunden einfrieren.

VARIANTE 2

Die Früchte waschen, putzen und in passende Stücke schneiden. Auf die Eiswürfelförmchen verteilen. Etwas Minze oder Zitronenmelisse verlesen, waschen und klein gezupft zu den Früchten geben. Die Behältnisse vorsichtig bis zum Rand mit Wasser füllen und für mehrere Stunden ins Eisfach geben.

Erdbeer-Rhabarber-Sauce an knuspriger Entenbrust

ZUTATEN

2 Entenbrüste (à 500 g)

Salz

Pfeffer aus der Mühle

4 EL Öl zum Anbraten

¼ l Geflügel-/ Gemüsefond

300 g Erdbeeren

200 g Rhabarber

2 Schalotten

¼ l feinherber Rotwein

7 EL Wasser

3 EL Zucker

5 Pimentkörner

1 TL grüne Pfeffer- körner

1 Lorbeerblatt

2 EL Crème fraîche

Den Backofen auf 200 °C vorheizen.

Die Entenbrüste auf der Hautseite rautenförmig einschneiden, dabei nicht ins Fleisch schneiden. Von beiden Seiten salzen und pfeffern.

Das Öl in einem feuerfesten Bräter erhitzen und darin die Entenstücke scharf anbraten. Mit dem Fond ablöschen, in den heißen Backofen stellen und für 15 Minuten braten. Dabei zwischendurch mehrmals mit der Flüssigkeit begießen. Nach Ablauf der Zeit den Bräter aus dem Backofen und das Fleisch herausnehmen. Die Entenbrüste in Pergament- oder Backpapier einwickeln und im nun ausgeschalteten Ofen gut 10 Minuten nachgaren lassen, und zwar ohne Bräter, einfach auf dem Rost liegend. Den dunklen Bratenfond im Bräter nicht wegschütten, er kommt später als eine Art Saucenspiegel zum Einsatz.

In der Zwischenzeit die Erdbeeren waschen, putzen und halbieren, den Rhabarber schälen und in 1 cm dicke Stücke schneiden sowie die Schalotten schälen und würfeln.

Den Rotwein, das Wasser und den Zucker in einem Topf zum Kochen bringen. Piment- und Pfefferkörner sowie das Lorbeerblatt in ein Gewürzsäckchen oder einen Teefilter füllen und verschließen. Die Gewürze sowie die Rhabarberstücken in den Wein geben, das Ganze nochmals kurz aufkochen lassen, dann Temperatur zurückschalten und den Rhabarber für 10 Minuten leicht simmern lassen.

Nach dieser Zeit das Gewürzsäckchen herausfischen, die Erdbeeren zufügen, den Topfinhalt noch einmal aufwallen lassen, bevor die Crème fraîche untergerührt wird.

Die Entenbrüste in Scheiben schneiden, auf dem Bratenfond anrichten und mit der Früchtesauce zusammen servieren.

Besonders gut munden dazu Kartoffeln.

Erdbeeren in Rucola-Sauerampfer-Salat

Den Rucola putzen, den Sauerampfer verlesen, beides waschen und zum Trocknen am besten auf einem Küchenhandtuch oder einigen Lagen Haushaltspapier ausbreiten, gegebenenfalls vorsichtig trocken tupfen. Anschließend auf Teller verteilen.

Die Erdbeeren waschen, putzen und halbieren. Gleichmäßig auf dem Salat verteilen.

Die roten Pfefferbeeren grob mörsern.

Für die Vinaigrette Zucker, Salz und Pfeffer in den Essig rühren und unter kräftigem Schlagen nach und nach das Öl zugießen, zum Schluss die zerkleinerten Pfefferbeeren untermengen. Die Vinaigrette kurz vor dem Servieren auf dem Salat verteilen.

ZUTATEN

200 g Rucola (Rauke)

100 g Sauerampfer-blätter (vom Markt oder gesammelt)

400 g Erdbeeren

1 TL rote Pfefferbeeren

1 Pr. Zucker

Salz

Pfeffer aus der Mühle

2 EL dunkler Balsamicoessig

4 EL kalt gepr. Öl

Erdbeer-Joghurt

DIE ZUTATEN HIERFÜR SIND MEIST IM HAUS

Hier dürfen die Früchte schon erste schlechte Stellen haben – kleine »Unschönheiten« sind tolerabel, größere entfernt man. Die unansehnlichen Früchte püriert man nach dem Waschen und Putzen einfach, die besseren schneidet man in kleine Stücke.

Den Joghurt in eine Schüssel geben, den Honig unterrühren und das Fruchtmus sowie die Fruchtstückchen unterheben.

Den grünen Pfeffer aus dem Glas in ein kleines Sieb geben, abspülen, recht fein mörsern und ebenfalls untermengen – für ein pfeffrig-süßes Geschmackserlebnis.

ZUTATEN

200–250 g Erdbeeren

250 g Naturjoghurt

2 TL Honig

1 TL eingelegter grüner Pfeffer

TIPP:
Auf diese Weise – natürlich auch mit Quark, Dickmilch und anderen Milchprodukten – lassen sich viele Früchte(reste) verwerten. Ob gestoßener Pfeffer jeweils passt, entscheidet der eigene »Entdecker-Gaumen«.

ZWETSCHGEN-TARTE MIT SPECK

Zwetschgen-Tarte mit Speck

AUCH BEREITS SEHR WEICHE FRÜCHTE SIND GEEIGNET

Für den Mürbeteig das Mehl auf eine Arbeitsfläche sieben. In die Mitte eine Mulde hineindrücken und dort das Eigelb hineingeben. Den Käse und etwas Salz übers Mehl streuen. Die Butter in kleinen Flöckchen auf dem Mehlrand verteilen und dann vom Rand aus die Zutaten zu einem geschmeidigen Teig verarbeiten. In Folie einwickeln und für 30 Minuten kühl stellen.

Den Backofen auf 200 °C vorheizen.

In der Zwischenzeit den Belag vorbereiten: Dazu die Zwetschgen waschen, halbieren und entkernen sowie den Zucker mit etlichen »Umdrehungen« Pfeffer vermischen.

Den Mürbeteig auf einem bemehlten Blech schön dünn zu einem Rechteck ausrollen und für 10 Minuten vorbacken.

Anschließend darauf die Zwetschgenhälften verteilen und mit der Zucker-Pfeffer-Mischung bestreuen. Obenauf den in kleine Stücke geschnittenen Speck platzieren. Zum Schluss die Tarte mit den abgezupften, auf Wunsch grob gehackten Rosmarinnadeln bestreuen.

Dann nochmals für circa 20 Minuten backen, bis der Teig goldgelb ist. Aus dem Ofen holen und noch warm in lange Stücke schneiden.

Ob warm oder kalt – immer ein Genuss!

TIPP:
Wem der selbst fabrizierte Teig zu aufwendig ist, der kauft einfach fertigen Mürbe- oder Pizzateig. Auch hier vor dem Backen Parmesan einarbeiten.

ZUTATEN
Für den Mürbeteig
200 g Mehl
2 Eigelb
30 g frisch ger. Parmesan
1 Pr. Salz
120 g kalte Butter
etwas Mehl

Für den Belag
400 g Zwetschgen
2 EL brauner Rohrzucker
schwarzer Pfeffer aus der Mühle
4–6 Scheiben dünner luftgetr. Schinkenspeck
2 Zweige frischer Rosmarin

Früchte-Shake

Den Rhabarber putzen, schälen, klein schneiden und mit Wasser und Zucker so lange kochen, bis er weich ist.

Die Himbeeren waschen und putzen.

Sämtliche Zutaten bis auf die Melisse im Mixer pürieren und je nach Gusto den Shake im Kühlschrank »sommerkalt« werden lassen.

Zum Servieren in hübsche Gläser füllen und mit Zitronenmelisse garnieren.

ZUTATEN
Für 4 Gläser
100 g Rhabarber
50 ml Wasser
30 g Zucker
400 g Himbeeren
Mark von ½ Vanillestange
200 ml Vollmilch
3 EL Joghurt
4 Blätter Zitronenmelisse

Obstsalat mit Variationen

DER INHALT DER OBSTSCHALE GIBT HIER DEN TON AN

ZUTATEN

Für den Fruchtsud

200 g Kumquats
(= Zwergorangen, mit
Schale essbar)

250 ml Wasser

5 EL Zucker

1 TL zerstoßene
Kardamomkapseln

Obst-Vorschlag

6 Mandarinen

2 Äpfel

1 Granatapfel

3 Bananen

Welche Obstsorten man nimmt und wie viel jeweils, das ist weniger entscheidend. Und sogar nicht mehr ganz so propere Früchte lassen sich prima verwerten. Der Fruchtsud hingegen ist wichtig, er gibt dem Obstsalat den spezifischen Geschmack.

DEN SUD KOCHEN

Die Kumquats heiß abwaschen, abtrocknen und dann in feine Scheiben schneiden.

In einem Topf 250 ml Wasser, den Zucker sowie den Kardamom aufkochen lassen, die Kumquatscheiben zugeben und bei geringer Hitze 15 Minuten köcheln lassen.

Vom Herd nehmen und den Sud abkühlen lassen.

DEN OBSTSALAT SCHNIPPELN

Die verschiedenen Obstsorten je nach Notwendigkeit waschen, putzen, schälen und von ungenießbaren Kernen befreien (beim Granatapfel beispielsweise), anschließend nach Gusto filetieren, in Stücke oder Scheiben schneiden.

Das Obst in eine Schale geben, den Fruchtsud ergänzen und alles vorsichtig miteinander mischen. Gut gekühlt servieren – ein Gedicht!

VARIATIONEN

Wer es noch üppiger liebt, streut geröstete Mandelstifte über den Obstsalat. Gut eignen sich auch Pinienkerne oder gehackte Walnüsse.

Herrlich als Beigabe zu Obstsalat schmeckt auch mit Alkohol parfümierte, nicht ganz steif geschlagene Sahne.

Und für »Geschmackskreative« der Tipp: Fenchel und Stangensellerie, in dünne Scheiben geschnitten, harmonieren gut mit allem Fruchtigem.

TIPP:

Wenn Kirschen zum Einsatz kommen, die Kerne gründlich mit Wasser schrubben und trocknen lassen. In ein kleines Kissen gefüllt und in der Mikrowelle erwärmt, hilft das Kirschkernkissen gegen kalte Füße und Verspannungen.

Himbeer-Muffins

... WENN DIE FRÜCHTE SCHON ETWAS »SCHWÄCHELN«

Den Backofen auf 175 °C vorheizen.

In die Mulden der Muffin-Backform die Papierförmchen stellen.

In einem kleinen Schälchen das Mehl mit dem Backpulver mischen. Das Ei, den Honig sowie den Schmand in eine Rührschüssel geben und sorgfältig mit dem Schneebesen verquirlen. Die Butter schmelzen lassen und ebenfalls unterschlagen. Erst dann die Mehl-Backpulver-Mischung portionsweise untermengen, bis ein glatter Teig entsteht. Zum Schluss die Früchte vorsichtig unterheben.

Die Masse in die Förmchen füllen, jedoch nicht ganz bis zur Oberkannte, knapp 1 cm Rand sollte noch sichtbar sein.

Die Muffins 25 Minuten backen, danach vor dem Herauslösen 5 Minuten auskühlen lassen. Zum Servieren mit Puderzucker bestreuen.

ZUTATEN

200–300 g Himbeeren
1 Muffin-Backblech
(12 Mulden)
12 Papierback-
förmchen
250 g Mehl
2 TL Backpulver
1 Ei (Gew.-Kl. M)
3 EL Honig
200 g Schmand
50 g Butter
etwas Puderzucker

Melone-Erdbeer-Sellerie-Salat

... ODER IN DER VARIANTE: MELONE-PAMPELMUSE-FENCHEL-SALAT

Die Melone teilen, schälen und in größere Würfel schneiden. Die Erdbeeren waschen, putzen und halbieren. (Für die Variante: Die Pampelmuse(n) schälen, in Spalten teilen und diese halbieren.) Den Stangensellerie (oder den Fenchel) putzen und dann in feine Scheiben (Streifen) schneiden.

Zitronensaft und Rapsöl zu einem Dressing verrühren, mit dem Sel du fleur und dem Pfeffer abschmecken.

Die Mandelblättchen in einer heißen Pfanne ohne Öl unter Wenden kurz anrösten.

Die Frucht-Gemüse-Stücke anrichten, mit dem Dressing beträufeln und mit den Mandelblättchen (harmoniert mit den Erdbeeren) oder dem zerbröselten Blauschimmelkäse (passt gut zu der Fenchel-Variante) bestreuen.

TIPP:

Zitronenschale auf Vorrat: Vor dem Auspressen die Schale abreiben und in einem dicht schließenden kleinen Gläschen aufbewahren. Der Abrieb verleiht nicht nur dem morgendlichen Früchtemüsli, sondern auch Quarkspeisen, Grießflammeris und anderen Süßspeisen einen herb-fruchtigen Geschmack.

ZUTATEN

300 g Früchte
insg. (Erdbeeren/
Pampelmuse(n) +
Melone)
400 g Stangensellerie/
Fenchel
3 EL Zitronensaft
3 EL natives Rapsöl
Sel du fleur (Salz)
schwarzer Pfeffer aus
der Mühle
3 EL Mandelblättchen
50 g Blauschimmelkäse
(Gorgonzola/
Roquefort etc.)

Klassische Kirschen-Clafoutis

CLAFOUTIS AUX CERISES

ZUTATEN

400 g Kirschen
4 Eier (Gew.-Kl. M)
5 EL Puderzucker
1 Vanilleschote
60 g Schlagsahne
1 Pr. Salz
100 g Mehl
1 EL Butter
2 EL Zucker

Den Backofen auf 200 °C vorheizen.

Die Kirschen waschen, von den Stielen befreien und entsteinen.

Die Eier akribisch trennen.

Das Eiweiß steif schlagen, dabei 2 EL Puderzucker untermengen; den Eischnee kalt stellen.

Die Vanilleschote längs aufschneiden und das Mark herauskratzen.

Das Eigelb mit der Sahne, 2 EL Puderzucker, dem Vanillemark und etwas Salz cremig schlagen. Das Mehl unterrühren und zum Schluss den Eischnee unterheben.

Eine ofenfeste Form mit Butter einfetten und mit Zucker ausstreuen. Die Kirschen darin verteilen, die Eiermasse gleichmäßig darübergeben und im Ofen 25 Minuten goldgelb backen.

Vor dem Servieren mit dem restlichen Puderzucker bestäuben.

TIPP:
Bei den Clafoutis-Rezepten müssen die Früchte nicht zwingend super knackig sein; ein paar weiche Stellen tun dem Geschmack keinerlei Abbruch.

Himbeer-Clafoutis / Erdbeer-Clafoutis

... ODER ALS SAURE VARIANTE MIT ROTEN JOHANNISBEEREN

ZUTATEN

400 g Himbeeren/
Erdbeeren/Rote
Johannisbeeren
1 EL Butter
2 EL Zucker
4 Eier (Gew.-Kl. M)
5 EL Puderzucker
60 g Schlagsahne
1 Pck. Vanillezucker
1 Pr. Salz
100 g Mehl
1 TL ger. unbeh.
Zitronenschale
2 EL gehackte
grüne Pistazien

Den Backofen auf 200 °C vorheizen.

Die Früchte waschen, trocknen und putzen.

Eine feuerfeste Form mit der Butter einfetten und mit dem Zucker ausstreuen.

Die Eier sorgfältig trennen.

Das Eiweiß mit 2 EL Puderzucker sehr steif schlagen und kalt stellen.

Das Eigelb mit der Sahne, 2 EL Puderzucker, dem Vanillezucker und etwas Salz cremig rühren. Das Mehl und die Zitronenschale untermengen. Zum Schluss den Eischnee unterheben.

Die Hälfte der Himbeeren/Erdbeeren/Roten Johannisbeeren in der Form ausbreiten und die Teigmasse zugeben. Obenauf die restlichen Früchte und die gehackten Pistazien verteilen. Die Süßspeise im vorgeheizten Backofen 20 Minuten goldbraun backen.

Vor dem Servieren mit dem restlichen Puderzucker bestreuen (die Johannisbeerenvariante verträgt sogar noch etwas mehr Zucker).

HIMBEER-CLAFOUTIS/ERDBEER-CLAFOUTIS

GEFLÜGEL

FISCH

LAMM · RIND · SCHWEIN

Geflügel – das schmackhafte Federvieh

Hier differenzieren wir in Hausgeflügel und Wildgeflügel. In der ersten Kategorie werden für den Kochtopf gezüchtet: Haushuhn, Truthahn, Ente, Gans, Taube und Strauß. Als Wildgeflügel gelten Fasan, Rebhuhn, Perlhuhn und Wachtel. Fasan und Ente bietet der Handel sowohl gezüchtet als auch gejagt an. Gefährdete Spezies wie Auerhahn, Birkhahn und Wacholderdrossel dürfen nicht mehr gejagt werden.

Die industrielle Geflügelproduktion dient vor allem der ausreichenden Belieferung des Marktes mit Fleisch und Eiern.

Ein wenig Küchenpraxis: Da alle von sehr ähnlicher Anatomie sind, werden die einzelnen Federvieharten auf dieselbe Weise zerlegt wie das uns vertrautere Haushuhn. Und auch die Bezeichnung der Teilstücke ist gleich.

Die Brustfilets sind besonders mager, können deshalb auch – je nach Zubereitungsart – schnell zu trocken werden.

Die Keulen (Schlegel/Schenkel), teils von dunklerer Farbe, sind durchzogen von kleineren Muskeln sowie dünnen Fettschichten. Sie bleiben deshalb auch nach längerem Garen noch saftig. Zudem sind sie aromatischer als die Brust. Entbeinte Oberkeulen vom Huhn werden oft als Hähnchensteaks verkauft.

Die Flügel besitzen nur wenig Fleisch, das ansonsten dem Keulenfleisch ähnelt. Kauft man sogenanntes Geflügelklein (zum Beispiel für die Zubereitung eines Fonds), sind stets einige Flügel dabei. Beliebt sind vor allem die gegrillten oder gebratenen Hähnchenflügel, die »Chicken wings«.

Der Rücken vom Geflügel hat kaum Fleisch. Er eignet sich zum Auskochen und ist ebenfalls Bestandteil des Geflügelkleins.

Als Pfaffenschnittchen bezeichnet man die kleinen paarig neben der Wirbelsäule liegenden Teilstücke auf Höhe der Keulen. Alleine nicht satt machend, aber in Verbindung mit den Filetstücken ein hochwertiger Genuss.

Der Bürzel ist eine Drüse für die Körperpflege der Vögel. Kulinarisch wertlos, wird er am besten vor der Zubereitung ganz entfernt, da er einen unangenehm tranigen Geschmack aufweisen kann.

Der Hals, ebenfalls zum Geflügelklein zählend, hat nur wenig Fleisch, das dunkel, faserig, aber sehr aromatisch ist.

Die Haut verbleibt entweder auf dem Geflügelfleisch oder sie wird abgezogen. Im ersten Fall brät man sie schön kross und isst sie mit dem Fleisch oder aber man kocht ein ganzes Suppenhuhn mitsamt Haut für eine aromatische Brühe und entfernt danach Knochen und Haut. Zieht man die frische Haut von vornherein ab, kann man sie später als Suppengrundlage mitkochen.

Die Knochen (Karkassen = Gerippe) geben ausgekocht dem Geflügelfond zusätzliche Power.

Gesundes und vielseitiges Federvieh

Geflügelfleisch ist beim Verbraucher ausgesprochen beliebt: Neben dem feinen Geschmack punktet es mit einem niedrigen Fettgehalt und enthält neben Proteinen auch Vitamine und Mineralstoffe. Ob man dabei lieber auf preiswertes »Hormonfleisch« verzichtet, ist eine persönliche Entscheidungssache.

Gefüllter Gänsehals

EIN UNGELIEBTES TEILSTÜCK KOMMT ZU EHREN

Diese Resteverwertung – ein traditionelles Rezept aus Großmutters Zeiten – hat Hochkonjunktur in der Winterzeit, wenn im November an St. Martin von der opulenten Martinsgans Fleisch übrig geblieben ist. Wichtig: Wenn man die Gans bestellt, immer den Hals mit anfordern, denn er zählt zum Gänseklein, das nicht automatisch mit dabei ist.

Vom Gänsehals vorsichtig die Haut ablösen, ohne sie zu zerreißen: Man kann sie – beginnend am dickeren Ende – wie einen Küchenhandschuh auf links gestülpt fast vollständig abziehen. Mithilfe einer Pinzette eventuelle Adern von der Haut abzupfen, dabei den »Schlauch« nicht beschädigen. Der Gänsehals dient im Anschluss als Fondgrundlage, der »Hautschlauch« wird vor dem Befüllen an einem Ende mit Küchengarn zugebunden.

Verwendet man für die Füllung frische Kräuter, dann diese zunächst verlesen und waschen. Die jungen Triebspitzen des Beifuß klein hacken; die Blätter des Majoran abzupfen und klein schneiden.

Das Gänsefleisch sowie die Leber sehr klein schneiden/hacken, das Brät aus der Bratwurst herausdrücken und in einer Schüssel miteinander verkneten. Kommt ein Fleischwolf zum Einsatz, kann man sich das Kleinschneiden natürlich sparen. Die Masse mit Cognac, Salz und Pfeffer sowie den Kräutern abschmecken. Danach den Gänsehals vorsichtig mit der Farce füllen.

In einem Bräter das Gänseschmalz erhitzen und den Gänsehalsknochen darin rundherum anbraten – die Röstaromen sorgen für einen intensiven Geschmack. Mit der Bouillon ablöschen. Den gefüllten Gänsehautschlauch zugeben und alles zugedeckt 1 bis 1½ Stunden bei mittlerer Hitze schmoren lassen. Dabei Letzteren öfter wenden und zwischendurch mit dem Bratensaft begießen.

Nach Ende der Garzeit den gefüllten Schlauch aus dem Bräter nehmen und warm stellen. Die Knochenstücke aus dem Sud entfernen, sie werden nicht mehr benötigt. Den Fond mit dem Rotwein aufgießen und unter gelegentlichem Rühren reduzieren lassen. Bei Bedarf mit Salz und Pfeffer nachwürzen sowie mit in Wasser glatt gerührter Kartoffelstärke andicken. Die Sauce zum gefüllten Gänsehals servieren.

Dazu passen Kartoffelklöße und Rotkraut.

ZUTATEN

1 Gänsehals
1 EL Majoran
1 TL Beifuß
200 g Gänsefleisch
(Reste v. Gänsebraten)
100 g Hähnchen-/
Puten-/Gänseleber
100 g frische
Bratwurst
2 cl Cognac
Salz
Pfeffer aus der Mühle
2–3 EL Gänseschmalz
100 ml Gänsefond/
Hühnerbouillon
¼ l Rotwein
1–2 EL Kartoffelstärke

Gänseschmalz

EIN BESONDERS FEINES RESTEFEST!

ZUTATEN

Für 12 Portionen:

250 g abgeschöpftes,
erkaltetes Gänsefett

2 mittelgr. Zwiebeln

1 Knoblauchzehe

3 gr. saure Äpfel
(Boskop)

1 Zweig Majoran

1 Zweig Beifuß

180 g Schweine-
schmalz

Salz

Pfeffer aus der Mühle

Beim Kochen der »Gänsebrust« (siehe Seite 92) wurde das Fett abgeschöpft und für spätere Zwecke aufbewahrt – nun kommt das erkaltete Gänsefett zum Einsatz.

Die Zwiebeln und die Knoblauchzehe schälen und würfeln. Die Äpfel ebenfalls schälen, entkernen und in kleine Würfel schneiden.

Die Majoranblätter und die oberen Triebspitzen des Beifußes vom Stängel zupfen und fein hacken.

Das erkaltete Gänsefett in große Würfel schneiden und in einem Kochtopf zerlassen. Das flüssige Fett durch ein Sieb passieren (am besten gleich hinein in einen zweiten Kochtopf), um die »Grieben« – die kleinen Ausflockungen – zu entfernen. Das nun »reine« Gänsefett mit dem Schweineschmalz vermischen und zusammen erhitzen.

Die Zwiebel-, die Knoblauch- und die Apfelwürfel zugeben. Mit Salz und frisch gemahlenem Pfeffer würzen. Nun 20 bis 30 Minuten bei geringer Hitze köcheln lassen, damit der letzte Rest Wasser verdampft. Zum Schluss die Kräuter zugeben.

Das Schmalz vom Herd nehmen und abkühlen lassen. Während des Erkaltens immer wieder vorsichtig umrühren, damit sich die festen Bestandteile nicht am Boden absetzen, sondern schön gleichmäßig verteilt werden.

In kleine Töpfchen umgefüllt, die man verschließt, hält sich das Gänseschmalz im Kühlschrank wochenlang.

Putenbrustfilet unter würziger Heidelbeerdecke

ZUTATEN

4 Putenbrustfilets
(à 150 g)

1 TL Pfefferkörner

5 Wacholderbeeren

4 Zweige Thymian

5 EL Olivenöl

Salz

200 g Crème fraîche

2 cl Gin/Wodka

1 unbeh. Zitrone

ca. 150 g Heidelbeeren

Von der Stiege Heidelbeeren für den Kuchen sind noch viele Früchte übrig geblieben? Prima – denn sie schmecken auch zu Geflügel!

Den Backofen auf 175 °C vorheizen.

Die Putenbrustfilets waschen und trocken tupfen.

Die Pfefferkörner sowie die Wacholderbeeren im Mörser fein zerstoßen und in ein Schälchen geben. Die abgezupften Blättchen von zwei Thymianzweigen zugeben. Das Öl zugießen und alles miteinander verrühren.

Eine feuerfeste Form mit ein wenig Kräuter-Gewürz-Öl einpinseln. Darauf die Filets platzieren, salzen und mit dem restlichen Würzöl bestreichen. Im Backofen zunächst für 10 Minuten garen lassen, danach herausnehmen.

Die Crème fraîche mit dem Alkohol verrühren. Die Zitrone waschen, von der Schale schmale, dünne Streifen abschälen, danach entsaften. Saft und Schale ebenfalls unter die Crème fraîche rühren und diese auf die Putenbrustfilets streichen. Zum Schluss die gewaschenen und verlesenen Heidelbeeren obenauf legen und die Filets weitere 10 Minuten im Backofen fertig garen lassen.

Vor dem Servieren mit den restlichen Thymianzweigen garnieren.

Dazu schmeckt besonders gut Reis.

TIPP:
Die Heidelbeeren passen natürlich auch zu Hähnchen. Und mutige Probierfreudige variieren das Rezept mit Preiselbeeren.

GÄNSESCHMALZ

Kalorienarme Gänsebrust

ZU JEDER JAHRESZEIT EIN HOCHGENUSS!

ZUTATEN

2 Gänsedoppelbrüste am Knochen (zusammen ca. 1200 g)

Meersalz aus der Mühle

weißer Pfeffer aus der Mühle

2 EL feines Öl

200 g kernlose, dicke helle Weintrauben

1 Zwiebel

1 Bund Suppengemüse

200 ml feinherber Weißwein

100 ml Geflügelfond

1 TL Speisestärke

Dass Gans auch ganz anders geht, nämlich ganz mager, das beweisen wir nun: Das Federvieh macht sich zunächst nackig und wird »zum Abnehmen« einfach in die Pfanne geschickt! Der Clou bei dieser Zubereitung: Sämtliches Fett schöpft man ab, übrig bleiben die köstlich-krosse Haut und das schiere Fleisch als Hochgenuss. Und nichts geht dabei verloren: Auch das Gänsefett wird natürlich verarbeitet (siehe Seite 90).

Den Backofen auf 80 °C vorheizen.

Die Gänsebrüste vom Knochen lösen. Dann mit den Fingern vorsichtig zwischen die Haut und das Fleisch fahren, die Haut dabei anheben und mithilfe eines kleinen Messers lösen, dabei aber die Unterhaut mit abziehen.

Die abgezogene Haut flach in einen Gefrierbeutel legen und für 30 Minuten einfrieren.

Die beiden Knochen unter einem Tuch platt klopfen – sie verleihen der Sauce einen feinen Geschmack.

Die so vorbereiteten Gänsebrüste salzen und pfeffern und in einer heißen Pfanne mit 1 EL Öl von beiden Seiten goldbraun anbraten. Danach auf einem Stück Alufolie auf den Rost des Backofens legen und in 35 Minuten innen rosa garen. Aus dem Ofen nehmen und warm stellen.

In der Zwischenzeit die Weintrauben »entblättern«, das heißt mit einem kleinen scharfen Messer die Schale abziehen. Das Obst beiseitestellen.

Die mittlerweile tiefgefrorene Gänsehaut aus dem Gefrierfach nehmen und erst in Streifen, dann in kleine Würfel schneiden. Letztere in eine heiße Pfanne geben und unter Wenden das Fett auslassen. Wenn die Würfel schön kross sind, diese abschöpfen, auf Küchenkrepp abtropfen lassen und in einem Schälchen zunächst aufheben.

Das gewonnene Gänsefett zum Abkühlen aus der Pfanne in einen Behälter umfüllen – das Gänseschmalz lässt sich später in der Küche vielfältig einsetzen und mundet köstlich auf herzhaftem Brot.

Für die Sauce die Zwiebel schälen, das Suppengemüse waschen und putzen und alles klein würfeln. In einer hohen Pfanne die Gemüsewürfel mit 1 EL Öl andünsten und für 10 Minuten unter Wenden kräftig durchbraten. Mit dem Weißwein ablöschen, den Geflügelfond angießen und einmal aufkochen lassen. Den Pfanneninhalt durch ein Sieb geben (wer es sämiger mag, kann das Gemüse auch passieren), die Saucenflüssigkeit auffangen und wieder zurück in die Pfanne gießen. Mit der kalt angerührten Speisestärke andicken, dazu kurz aufkochen lassen. Mit Salz und Pfeffer abschmecken.

Die Gänsebrüste in die heiße Sauce legen, je nach Geschmack etwas nachwürzen. Zum Schluss die Trauben zufügen und für knappe 10 Minuten mitköcheln lassen, bis sie dick und prall sind.

Vor dem Servieren die krossen Gänsehautwürfel obenauf streuen.

Dazu passen je nach Jahreszeit ein Wildkräuter- oder ein Feldsalat sowie Beilagen nach Geschmack.

TIPP:
Ein Hoch aufs Federvieh: Bis auf die Federn lassen sich sämtliche Bestandteile vom Geflügel verwerten.

Hähnchenbrust mit gefüllter Roter Beete

BESONDERHEIT: DAS MITVERWENDEN DER FARBENFROHEN, SÄUERLICH-FRISCH SCHMECKENDEN BLÄTTER

Von der Roten Beete die Blätter abschneiden. Von Letzteren 6 schöne raussuchen und die langen Stiele entfernen. Die Blätter waschen und in feine Streifen schneiden, beiseitestellen. Die Knollen waschen, putzen und gründlich abbürsten.

In einem großen Topf reichlich Wasser zum Kochen bringen, darin die Knollen 40 Minuten köcheln lassen. In den letzten 5 Minuten die Blätter mitblanchieren. Die Knollen herausnehmen und abkühlen lassen. Den Sud durch ein Sieb gießen, die dabei aufgefangenen Blätterstreifen beiseitelegen.

Den Backofen auf 175 °C vorheizen.

Die gegarten Roten Beeten quer halbieren und das Innere mit einem Teelöffel herauslösen (klein schneiden und aufheben für die Füllung!), dabei eine genügend dicke Wand stehen lassen. Gute Dienste tun hier wasserdichte Arbeitshandschuhe, denn der Saft färbt nicht nur Holzbretter und Kleidung rot, sondern auch die Hände recht dauerhaft.

Die Schalotten und die Knoblauchzehe schälen und würfeln. Den Käse raspeln. Vom Thymian die Blätter abzupfen und hacken. Den Toast zerbröseln. Die eingelegten Tomaten in kleine Stücke schneiden. Die so vorbereiteten Zutaten in eine Schüssel geben, 50 g zimmerwarme Butter sowie das Innere der Roten Beete zufügen, alles miteinander zu einer gleichmäßigen Masse verkneten und mit Salz, Pfeffer und Paprika würzen. Diesen »Teig« in die ausgehöhlten Knollen füllen.

Eine feuerfeste Form mit der restlichen Butter einfetten, die Roten Beeten hineinsetzen und 20 Minuten im Backofen garen. Falls etwas von der Füllung übrig geblieben ist, diese in Klecksen zwischen die Knollen setzen und mitbacken.

In der Zwischenzeit die Hähnchenbrüste längs halbieren, salzen und pfeffern. In einer Pfanne das Öl erhitzen und die 8 Stücke von beiden Seiten gut durchbraten, danach die Temperatur so stark reduzieren, dass das Fleisch bis zum Servieren zwar warm bleibt, aber nicht austrocknet.

In einer kleinen Schüssel eine klassische Vinaigrette rühren aus Essig, Honig, Salz und Pfeffer sowie zum Schluss langsam zulaufendem Öl. Die Radieschen waschen, putzen, in feine Streifen schneiden und mitsamt den Rote-Beete-Blätter-Streifen zur Vinaigrette geben; alles miteinander vermischen.

Beim Anrichten die Radieschen-Vinaigrette über die Hähnchenbrüste verteilen. Dazu schmeckt (geröstetes) Brot.

Dieses nicht alltägliche, etwas aufwendigere Gericht punktet mit einer ungewöhnlichen Geschmacksnote und vielen gesunden »Energielieferanten«.

TIPP:
Geflügelfleisch kann in Einzelfällen von Salmonellen verunreinigt sein. Deshalb immer gut durchgaren!

ZUTATEN

4 Rote Beeten mit Blättern
2 Schalotten
1 Knoblauchzehe
100 g Hartkäse
2 Stängel Thymian
2 Scheiben Toast/Weißbrot
30 g eingel. getr. Tomaten
100 g Butter
Salz
Pfeffer aus der Mühle
1 TL Paprikapulver
4 Hähnchenbrustfilets
3 EL Öl

Für die Radieschen-Vinaigrette

4 EL Weinessig
1 TL Honig
Salz
Pfeffer aus der Mühle
8 EL Öl
10 Radieschen

PASTA-MUFFINS MIT GEFLÜGEL-GEMÜSE-FÜLLUNG

Pasta-Muffins mit Geflügel-Gemüse-Füllung

DIE ART DER FÜLLUNG »ENTSCHEIDET« DER KÜHLSCHRANK!

Reichlich Salzwasser zum Kochen bringen und darin die Lasagne-Blätter nach Packungsangabe vorkochen. Mit einer Schaumkelle vorsichtig herausheben, abtropfen lassen und jeweils halbieren.

Den Backofen auf 175 °C vorheizen.

Das Geflügelfilet klein würfeln. Die Fenchelknolle putzen – das Grün beiseitelegen – und in feine Streifen schneiden. Den Stangensellerie putzen und in feine Ringe schneiden. Die Knoblauchzehe schälen und fein hacken.

In einer Pfanne das Öl erhitzen, darin die Geflügel- und die Gemüsestücke mitsamt dem Knoblauch knapp gar dünsten. Mit Salz und Pfeffer würzen, den Noilly Prat zufügen, umrühren und vom Herd nehmen.

Die Eier mit dem Schmand verrühren und mit Salz, Pfeffer und Curry würzen. Den Kerbel waschen, trocknen, fein hacken und ebenso wie das zerzupfte Fenchelgrün unter den Eierguss rühren.

Die Cocktailtomaten waschen und halbieren.

Die 12 Mulden des Muffin-Bleches sorgfältig mit Butter einfetten und in jede Vertiefung ein halbes ein Lasagne-Blatt einlegen. Dabei die Ecken überstehen lassen.

In jede Mulde eine halbierte Cocktailtomate legen, die Geflügel-Gemüse-Füllung verteilen und zum Schluss den Eierguss. Im Ofen 15 bis 20 Minuten backen, bis der Guss gestockt ist. Noch heiß vorsichtig aus der Form herauslösen.

Mit einem knackigen Salat als Beilage ein feines, leichtes Abendessen!

TIPP:
Auch anderes Gemüse lässt sich prima als Füllung verwerten – und es muss nicht immer Geflügel sein!

ZUTATEN

6 Lasagne-Blätter
300 g Geflügelfilet (Pute/Hähnchen)
½ Fenchelknolle
2 Stangensellerie
1 Knoblauchzehe
1 EL Öl
Salz
Pfeffer aus der Mühle
2 EL Noilly Prat
3 Eier
300 g Schmand
Currypulver
1 Bund Kerbel
12 Cocktailtomaten
ca. 3 EL Butter

Speisefische und essbare Meeresfrüchte

Fisch stellt eine wertvolle und gut bekömmliche Proteinquelle dar, außerdem trägt er entscheidend bei zur Versorgung mit Jod, Vitaminen und Spurenelementen. Der Fettgehalt besteht zumeist aus den für uns Menschen so wichtigen mehrfach ungesättigten Fettsäuren.

Bei den Speisefischen – also Fischarten, die zum Verzehr geeignet sind – unterteilt man in Süß- und Salzwasserfische sowie in Meeresfrüchte. Im Handel begegnet uns der Speisefisch in unterschiedlichen »Seinsformen«, hier eine kleine Übersicht dazu samt Tipps.

Unbehandelt und weitgehend »naturbelassen«, wird der Frischfisch bei Temperaturen zwischen 0 °C und 2 °C sachgerecht gelagert und zum Verkauf angeboten. Fangfrischer Fisch, zum Beispiel nahe des Polarkreises an der Küste Norwegens gefangen, kann durchaus vier bis fünf Tage unterwegs sein, bis er bei einem Händler in Bayern landet. Dass er überwiegend in einwandfreiem Zustand dort ankommt, garantiert die heute optimierte Logistik: Der fangfrische Fisch wird in Polystyrolboxen in Eis gelagert. Dabei schmilzt das Eis so langsam, dass permanent Wasser über den toten Fisch läuft und dadurch die unerwünschten Mikroorganismen – ursächlich für den Verderb – weggespült werden.

Der Tiefkühlfisch wird meist sofort nach dem Fang auf Fabrikschiffen verarbeitet und eingefroren. Weil die lange, aufwendige Kühlkette entfällt, ist dieser Fisch preiswerter als frischer.

Fischkonserven sind durch Konservierung haltbar gemachte Fische (in unterschiedlicher Zubereitung), die luftdicht verschlossen in den Handel kommen. Sie sind entweder in einer Salzlake oder in Öl eingebettet. Neben den Sardinen oder dem Thunfisch in Metalldosen gibt es die Glaskonserven mit eingelegten Salzheringen, Matjes oder Bratheringen.

Trockenfisch, Stockfisch oder Klippfisch ist, wie der Name sagt, getrockneter Fisch. Am besten für diese Verarbeitungsart geeignet ist der Kabeljau mit seinem fettarmen Fleisch.

Kopf und Eingeweide werden entfernt, die Fische danach gewässert und dann paarweise an den Schwänzen zusammengebunden und auf Holz-/Stockgestellen zum Trocknen aufgehängt – daher auch der Name Stockfisch. Die salzhaltige Meeresluft trocknet die Fische völlig aus und macht sie so lange haltbar – früher ein lebensnotwendiger Eiweißvorrat auf langen Schiffsfahrten.

Der Klippfisch hingegen wird nach dem Ausnehmen zwecks Haltbarmachung gesalzen und zum Trocknen auf die Klippen gelegt. Am Ende bleibt er etwas »saftiger« als der Stockfisch.

Um die Fangrechte des Kabeljaus entbrannten übrigens noch bis zum Ende des 20. Jahrhunderts mancherorts regelrechte Kabeljaukriege – ein Beleg für die wirtschaftliche Bedeutung dieses Volksnahrungsmittels Kabeljau.

Unter »essbare Meeresfrüchte« verstehen wir all die Meerestiere, die erstens wirbellos sind und sich zweitens zum Verzehr eignen. Der Begriff »Meeresfrüchte« hat seinen Ursprung in einem agrarischen Verständnis des Menschen, der hauptsächlich zwar von der Frucht der Erde lebte, zusätzlich aber das Meer sozusagen landwirtschaftlich nutzte.

Zu den Meeresfrüchten zählen vor allem Muscheln und Wasserschnecken, Tintenfische und Kalmare, Garnelen und Krabben, Langusten und Hummer. Einige wenige Süßwassertiere wie Flusskrebse fallen ebenfalls darunter. Auch Meeresfrüchte können sowohl Fang-/Wild- als auch Zuchtprodukte sein.

Die Qual der Wahl: Aquakultur oder Wildfang

Ob wir lieber zu Fisch aus Wildfang oder aus Aquakulturen greifen, das ist nicht nur Geschmacks- und Ansichtssache, sondern in letzter Instanz auch eine Frage des persönlichen Umwelt- und Gesundheitsbewusstseins sowie des Geldbeutels.

Helles Fumet de Poisson

Man benötigt fürs Zubereiten des Fumets einen großen, breiten Kochtopf.

Die Fischabfälle auf minderwertige Bestandteile hin kontrollieren: Kiemen und Innereireste werden vollständig entfernt und wandern in den Müll. Alles Übrige in eine große Schüssel geben, gut mit Wasser bedecken und 20 Minuten wässern lassen. Danach das unansehnliche Wasser wieder abgießen. Auf diese Weise werden unliebsames Blut, lose Schuppen et cetera entfernt.

Vom Lauch das Grüne abschneiden (es lässt sich anderweitig in der Küche verwenden!), denn fürs Fumet benötigen wir nur die zarten weißen Teile. Sämtliches Gemüse putzen, waschen/schälen und grob hacken.

Butter in dem großen Kochtopf erhitzen, darin das zerkleinerte Gemüse hellgelb andünsten. Die Fischteile einlegen und mit dem Weißwein und so viel Wasser aufgießen, dass alles soeben bedeckt ist.

Die Zitrone in Scheiben schneiden, den Dill waschen, die Stängel abtrennen und nur diese zusammen mit den anderen Gewürzen in die Brühe geben.

Alles zusammen langsam zum Kochen bringen und für 15 Minuten unter schwacher Hitze simmern lassen. Platte ausschalten, Topf zudecken und für weitere 10 Minuten ziehen lassen. Danach durch ein Sieb oder einen feinen Durchschlag in einen weiteren Kochtopf abgießen; die festen Bestandteile wegwerfen.

Nun die Flüssigkeit reduzieren lassen, sprich unter Hitze einkochen. Bei starker Reduktion geliert das Fumet/der Fond und man spricht dann von »Essenz« oder gar von »Glace«.

ZUTATEN

1–1,5 kg Karkassen von weißfleischigem Fisch (erhältlich beim Fischhändler)

4 Stangen Lauch

100 g Sellerie

100 g Petersilienwurzel

2 weiße Zwiebeln

1 Knoblauchzehe

50 g Butter

½ l Weißwein

½ unbeh. Zitrone

3 Stängel Dill

1 Lorbeerblatt

½ TL Wacholderbeeren

½ TL weißer Pfeffer aus der Mühle

FISCH-FUMET

Statt vom »Fischfond« oder – noch profaner – von der »Fischbrühe« spricht man in der klassisch-gehobenen Küche vom »Fumet (de Poisson)«, was wortwörtlich übersetzt so viel bedeutet wie: Duft/Aroma (vom Fisch).

Ein Fumet ist vielseitig verwendbar: Es eignet sich zum Pochieren von Speise-/Edelfischen, bildet eine köstliche Grundlage für Suppen und Saucen allerlei Variationen. Und der edle Fischfond lässt sich zudem prima portionsweise einfrieren.

Zubereitet wird das Fumet ausschließlich aus qualitativ hochwertigen frischen Zutaten – alte Fischabfälle sind somit tabu! Je nach Art der festen Zutaten – wie Fischkarkassen, Gemüse, Kräuter – schmeckt das Fumet de Poisson immer anders. Aber stets sehr aromatisch-intensiv. Man unterscheidet dabei zwischen hellem und dunklem Fumet.

»SURF'N'TURF« NACH ESSBAR-ART

»Surf'n'Turf« nach Essbar-Art

EINE »ASIA«-VORSPEISE MIT FISCH & FLEISCH

Ein stilvolleres Resteverwerten hat dieses Kochbuch nicht zu bieten. Und wir sind uns dessen bewusst: Nur selten bleibt vom Vortages-Edel-Buffet oder -Festschmaus solch ein exzellentes Stück Lachs und so viel köstliche Bresaola übrig. Dann muss man zur Not eben »nachkaufen«.

Den Lachs in große Würfel schneiden, leicht salzen, rundherum mit etwas Zitronensaft beträufeln und 30 Minuten marinieren lassen.

In der Zwischenzeit die Kikkoman-Sauce in ein kleines Schälchen gießen, den Ingwer schälen, fein schneiden und in die Sauce legen.

Den Zucker mit dem Espressopulver, den Pfefferkörnern und den Kardamomkapseln zu Sirup kochen; warm halten.

Anschließend die Lachswürfel auf einer Seite mit dem »Haftmittel« Eiweiß – verquirlt mit einer Prise Salz – bestreichen, darauf die Mohnsamen auftragen (wer es nussiger mag, nimmt stattdessen Sesam). Den Lachs in einer heißen Pfanne mit etwas zerlassenem Butterschmalz auf der Mohnseite kurz anbraten und dann sofort aus der Pfanne nehmen.

Die Lachswürfel auf einer Platte anrichten und den Espresso-Gewürz-Sirup als Kleckse danebensetzen. Die Bresaola-Scheiben anrichten und den Lachs mit der Ingwer-Sojasauce beträufeln.

Die köstlich-frische Vorspeise mit etwas Ruccola garniert und frischem oder geröstetem Baguette servieren.

TIPP:
Besonders frisch-köstlich schmeckt der Lachs, wenn er nach dem kurzen Anbraten Sushi-ähnlich roh bleibt. Wer es so nicht mag, brät die Würfel weitere 3 Minuten von der anderen Seite.

ZUTATEN

300 g frisches Lachsfilet
Salz
Saft v. ½ Zitrone
3 EL dunkle Kikkoman-Sauce (ersatzweise Sojasauce)
1 ca. daumendickes Stück frischen Ingwers
80 g Zucker
2 TL Espressopulver
1 TL Pfefferkörner
3 Kardamomkapseln
1 Eiweiß
2 EL Mohn-/Sesamsamen
etwas Butterschmalz
150 g Bresaola in Scheiben (luftgetr. Rinderfilet)
1 Handvoll Ruccola

Sardinen-Snack

... AUS ZWEI EINSAMEN DOSEN ÖLSARDINEN

Die Ölsardinen aus der Dose nehmen und zum Abtropfen in ein Sieb geben.

Die Kerne der halben Chilischote entfernen und den Rest sehr fein hacken.

Die Eier hart kochen, kalt abschrecken und pellen.

Die Kräuter waschen, putzen und klein hacken.

Diese Zutaten in eine Rührschüssel geben, die Sojasauce, den Zitronensaft sowie einige »Umdrehungen« Pfeffer ergänzen und alles mit dem Pürierstab grob zerkleinern.

Von dieser Paste kleine Portionen auf Pumpernickelscheiben streichen.

ZUTATEN

2 Dosen Ölsardinen
½ Chilischote (frisch/getr.)
2 Eier
1 Handvoll frische Küchenkräuter (variabel)
2 EL Sojasauce
Saft v. 1 Zitrone
Pfeffer aus der Mühle
Pumpernickel (runde Scheiben)

Spaghettizopf mit Lachs

VIELSEITIG AUCH ALS HAUPTGERICHT: DER LACHS

ZUTATEN
1 Zwiebel
2 EL Butter
150 ml Portwein/
Marsala
50 g getr. Tomaten
1 EL Mehl
1 Handvoll Trauben
250 g lange Spaghetti
Salz
ca. 100 ml Öl
200 g Lachsfilet
am Stück
Saft v. ½ Zitrone
Pfeffer aus der Mühle

Hat man zu viel Lachs eingekauft – zum Beispiel für die Vorspeise Surf'n'Turf –, kein Problem: Im Kühlschrank hält er sich bis zu zwei Tage frisch.

Die Zwiebel schälen, fein würfeln und in einer Pfanne mit ½ EL Butter goldbraun anbraten.

Den Portwein in einem Topf bis kurz vor dem Siedepunkt erhitzen, die Tomaten zugeben und darin weich werden lassen. Die Zwiebel hineingeben und den Sud einige Minuten lang köcheln lassen.

Das Mehl mit etwas Wasser anrühren und zum leichten Andicken in den Sud einrühren, diesen dazu einmal aufkochen lassen.

Die Trauben waschen und, wenn sie klein sind, im Ganzen in die Sauce geben, ansonsten halbieren und gegebenenfalls entkernen. Die Sauce warm halten.

Einen großen Topf mit Salzwasser zum Kochen bringen. Die Spaghetti vorsichtig hineingeben, damit sie nicht brechen. Nach Packungsangabe bissfest garen. Danach vom Herd nehmen, so viel Wasser wie möglich abgießen und die Spaghetti in eine große Schüssel umfüllen. Darin vorsichtig, aber sorgfältig kalt abbrausen, durch ein Sieb gießen und im Anschluss die Pasta wieder zurück in die Schüssel schütten. Zum Schluss die Spaghetti gut mit Öl benetzen, damit sie nicht zusammenkleben.

Den Backofen zum späteren Erwärmen und Warmhalten der Pasta auf circa 100 °C vorheizen.

Nun wird der Zopf geflochten: Dazu die Spaghetti vorsichtig »entwirren«, parallel ausrichten und in drei nebeneinanderliegende Portionen aufteilen. Aus diesen drei Strängen einen lockeren Zopf flechten und diesen auf einer Platte zu einem Rund legen. Warm stellen.

Den Lachs in Streifen oder Würfel schneiden, mit Zitronensaft beträufeln, salzen und pfeffern. In einer heißen Pfanne die restliche Butter erhitzen, darin den Fisch von beiden Seiten jeweils 1 bis 2 Minuten braten.

Den Spaghettizopf aus dem Backofen nehmen, mit der Sauce übergießen und die Lachsstücke anrichten – fast zu schade zum Essen …!

Hierzu empfiehlt sich ein frischer Blattsalat, gern mit einer Handvoll Ruccola.

SPAGHETTIZOPF MIT LACHS

Gefüllte Dorade mit Mojo verde

... EINER EXOTISCH-FRISCHEN KALTEN SAUCE VON DEN KANAREN

ZUTATEN

Für den Fisch

1 unbeh. Zitrone
2 unbeh. Orangen
1 Knoblauchzehe
2 küchenfertige
Doraden
Salz
Pfeffer aus der Mühle
gut ½ Bund Koriander
1 Schuss Öl

Für die Mojo verde

1 unbeh. Orange
1 unbeh. Zitrone
1 Knoblauchzehe
knapp ½ Bund
Koriander
2 kl. Chilischoten
4 EL Olivenöl
Salz

»Überzählige« Orangen und Zitronen, die außerdem ihre besten Tage hinter sich haben und nun schnellstens verwertet werden sollten, finden Eingang in die köstliche Sauce und den Bauch der Doraden.

Als klassische Hauptbestandteile einer Mojo verde gelten Kräuter (sie machen die Sauce verde, also grün), Essig, Öl, Knoblauch und Saft/Schale von Zitrone/Orange in variablen Anteilen. Die kreative Köchin lässt ihrer Fantasie freien Lauf und experimentiert mit unterschiedlichen Zutaten – heute nur Koriander oder doch lieber die Hälfte Petersilie, vielleicht etwas Kreuzkümmel oder Chili dazu? Die hier genannte Variante stellt somit nur einen Vorschlag dar.

DIE MOJO VERDE RÜHREN

Die Orange und die Zitrone waschen und trocken reiben. Von beiden jeweils die Schale abreiben. Danach Orange sowie Zitrone halbieren und jeweils die eine Hälfte auspressen.

Die Knoblauchzehe schälen und mit einer Presse zerkleinern.

Den Bund Koriander waschen, trocken tupfen und gut die Hälfte davon beiseitelegen für Fisch und Garnitur. Den Rest fein hacken.

Die Chili waschen und in feine Ringe schneiden, dabei die Kerne entfernen.

In einem Schälchen das Olivenöl mit dem Orangensaft und zunächst nur 1 EL Zitronensaft vermengen, dann die vorbereiteten Gewürze und Kräuter unterrühren. Mit etwas Salz abschmecken und – je nach gewünschtem »Frischegrad« – eventuell noch etwas mehr Zitronensaft.

ZUBEREITUNG DER DORADE

Die Zitrone waschen und trocken reiben. Von der Schale Zesten schneiden (hauchdünne schmale Streifen), danach halbieren und den Saft auspressen.

Die Orangen waschen und trocken reiben. Eine Orange mit Schale in Scheiben schneiden.

Die Knoblauchzehe schälen, längs halbieren.

Die Doraden waschen und trocken tupfen. Die Fische innen mit etwas Zitronensaft beträufeln, mit der halbierten Knoblauchzehe gut einreiben sowie mit Salz und Pfeffer würzen. Danach den Bauch der Doraden mit den Orangenscheiben, den Zitronenzesten und dem restlichen Koriandergrün – davon lediglich zwei Zweige zur Deko beiseitelegen – füllen.

In einer heißen Pfanne das Öl erhitzen und die Doraden von jeder Seite gut 10 Minuten braten. Wenn die Schwanzflosse sich – mit Vorsicht! – rausziehen lässt, ist der Fisch auf jeden Fall gar.

Die Doraden mit den Korianderstängeln garnieren und mit der Mojo verde servieren.

Dazu passen am besten Salzkartoffeln oder Baguette, damit man gut dippen und die Sauce aufnehmen kann.

Gebratene Doradenfilets unter einer Meerrettich-Pesto-Haube mit Kartoffelschnee

Wenn man sich nicht selbst die Mühe machen will, bittet man den Fischhändler gleich vor Ort, die Doraden zu filetieren. Und die Fischkarkassen (= die nach dem Filetieren zurückbleibenden »Gerippe«) lässt man sich ebenfalls einpacken. Diese bilden – zusammen mit weiterer Fischabfällen – die Basis für ein köstliches Fumet (siehe Rezept Seite 99).

Den Backofen auf 250 °C vorheizen.

Die Kartoffeln schälen und in Salzwasser gar kochen, abgießen und abdampfen lassen; zunächst warm stellen.

Die Doradenfilets mit Zitronensaft beträufeln, salzen und pfeffern (mit weißem Pfeffer).

In einer heißen Bratpfanne das Butterschmalz hellbraun zerlaufen lassen. Die Fischfilets von beiden Seiten kurz anbraten, die Hautseite zuerst.

Die Hautseiten der Filets jeweils mit Meerrettich-Pesto einstreichen und die Filets – Kräuterseite nach oben – in eine backofenfeste Form legen. Den Fisch 5 Minuten im Backofen gratinieren.

Während die Filets garen, den Kartoffelschnee auf vorgewärmten Tellern anrichten. Dazu die Kartoffeln durch eine Presse drücken, im Anschluss mit weißem oder grünem Pfeffer würzen.

Die Doradenfilets aus dem Backofen nehmen, jeweils zwei an den Kartoffelschnee legen, mit einem frischen Meerrettichblatt sowie einer Scheibe Zitrone ansprechend garnieren und sofort servieren.

ZUTATEN

500 g vorw. festk. Kartoffeln

2 Doraden (4 Filets)

Saft v. ½ Zitrone

Salz

weißer / grüner Pfeffer aus der Mühle

100 g Butterschmalz

8 EL Meerrettich-Pesto (s. Rezept S. 54)

4 Meerrettich-Blätter (Garnitur)

4 Zitronenscheiben (Garnitur)

ÜBERKRUSTEN LEICHT GEMACHT

Falls man das Überkrusten der Filets effizienter gestalten möchte: vorab 8 EL Meerrettich-Pesto auf eine Lage Klarsichtfolie geben, mit einer zweiten Lage Folie bedecken, zu einer dünnen Schicht Pesto ausrollen. Danach flach liegend im Kühlschrank aufbewahren. Das durch die Kälte »steif« gewordene Pesto lässt sich nach kurzer Zeit bequem in 8 Portionsstücke vorschneiden und später leicht aus der Folie lösen und auf die Filets legen.

Mediterrane Fischpfanne

DIE RESTE VOM FISCHBUFFET ALS SCHNELLES HAUPTGERICHT

ZUTATEN

300 g Fisch insg.
(z. B. Thunfisch-
Carpaccio, geräuch.
Forelle/Lachs/
Makrele)

1 kg Tomaten

3 Zwiebeln

3 Knoblauchzehen

4 Stiele Basilikum

150 g Minimozzarella

3 EL Öl

Salz

Pfeffer aus der Mühle

1 Pr. Zucker

Den Fisch in mundgerechte Stücke zupfen.

Die Tomaten waschen, putzen und grob in Stücke schneiden.

Die Zwiebeln sowie den Knoblauch schälen und in kleine Würfel schneiden.

Den Basilikum waschen und die Blätter in Streifen schneiden.

Die Minimozzarella-Kugeln abtropfen lassen.

In einer Pfanne das Öl erhitzen. Zwiebeln und Knoblauch goldgelb anbraten, dann die Tomaten zugeben und alles bei mittlerer Hitze für gut 5 Minuten dünsten lassen.

Den Mozzarella zufügen und unterheben. So lange schmoren lassen, bis der Käse geschmolzen ist.

Zum Schluss die Fischstücke vorsichtig unterheben sowie die Basilikumstreifen. Mit den Gewürzen abschmecken.

Dazu passen kleine, in Butter geschwenkte Pellkartoffeln oder Bandnudeln.

TIPP:
Frischer Fisch riecht angenehm, die Augen sind klar, die Kiemen dunkelrot und das Fleisch gibt bei leichtem Druck elastisch nach.

Thunfisch-Kartoffel-Salat

EINE DOSE THUNFISCH KREATIV VERWERTET

ZUTATEN

1,5 kg kl. Kartoffeln
(Exemplare,
die zu klein für
»Größeres« sind)

4 Stängel Bohnenkraut

500 g Busch-/
Stangenbohnen

1 Dose Thunfischfilet
im eigenen Saft

Salz

Pfeffer aus der Mühle

Für die Senfcreme

3 Schalotten

1 Bund Schnittlauch

6 EL Weißweinessig

2 EL Dijonsenf

2 EL Crème fraîche

Salz

Pfeffer aus der Mühle

1 Pr. Zucker

5 EL Olivenöl

Die Kartoffeln waschen, abbürsten und mit der Schale je nach Größe 15 bis 25 Minuten kochen. Die Erdäpfel abschrecken, pellen und auskühlen lassen.

Die Bohnen waschen, putzen, schräg in Stücke schneiden und mit dem gewaschenen Bohnenkraut in kochendem Salzwasser zugedeckt circa 10 Minuten bissfest garen. Durch ein Sieb gießen und das Bohnenkraut entfernen.

Für die Senfcreme die Schalotten schälen und fein würfeln. Den Schnittlauch waschen und in kleine Röllchen schneiden. In einer Salatschüssel den Essig und den Senf mit dem Schneebesen glatt verrühren, die Crème fraîche unterheben, mit Salz, Pfeffer und Zucker abschmecken. Danach das Öl langsam zugießen und kräftig unterschlagen.

Die Schalotten, den Schnittlauch und die Bohnen in die Schüssel geben, ebenso die in Scheiben geschnittenen Pellkartoffeln. Alles vorsichtig mit der Senfcreme mischen. Den Kartoffelsalat erst einige Zeit durchziehen lassen, dann den Thunfisch zerteilen und unterheben. Nochmals mit Salz und Pfeffer abschmecken.

MEDITERRANE FISCHPFANNE

Kartoffel-Fisch-Muffins

DIE KULINARISCHE WUNDERTÜTE

ZUTATEN
Für 12 Stück

ca. 3 EL Butter
600 g festk. Kartoffeln
2 Stängel Majoran
100 g Fisch (gekocht/
gebraten/geräuchert/
in Öl; Lachs/Forelle/
Sardinen/Thunfisch)
60 g Hartkäse
200 g Schlagsahne
Salz
Pfeffer aus der Mühle

Die Mulden des Muffin-Bleches mit Papierförmchen auskleiden. Diese am Boden jeweils mit etwas zimmerwarmer Butter auspinseln.

Dann den Backofen auf 175 °C vorheizen.

Die Kartoffeln schälen, waschen, je nach Größe halbieren und in feine Scheiben schneiden.

Den Majoran waschen und trocken tupfen. Die Blätter abzupfen und grob zerrupfen.

Je nachdem, was man an Fischresten in den Muffins »verstecken« möchte, schneidet man diese in Streifen oder Würfel. Danach in einer heißen Pfanne 1 EL Butter zerlassen und darin den Fisch kurz anbräunen. Etwa die Hälfte der Majoranblätter unterheben.

Den Hartkäse in eine Schüssel hinein fein reiben und dann mit der Schlagsahne verrühren; mit Salz und Pfeffer abschmecken.

Die Papierförmchen zunächst halbhoch mit Kartoffelscheiben füllen und darauf den Fisch verteilen. Es sollte dabei oben noch etwas Platz bleiben für die Käse-Sahne-Mischung, die man als Letztes hineingießt.

Die Muffin-Form vorsichtig, damit nichts überschwappt, in den Backofen schieben und die kleinen »Wundertüten« 20 bis 25 Minuten backen.

Vor dem Servieren die Muffins mit dem restlichen Majoran bestreuen.

Hierzu mundet ein Tomaten-Gurken-Salat.

Krabbensalat mit selbst gerührter Mayonnaise

DIE »GRÜNEN ZUTATEN« DÜRFEN VARIIEREN

ZUTATEN
Für die Mayonnaise

1 Knoblauchzehe
2 Eier (Gew.-Kl. M)
300 ml Pflanzenöl
Saft v. ½ Zitrone
2 TL weißer Balsamico
1 TL Rosenpaprika
Salz

Für den Salat
½ Salatgurke
½ Stangensellerie
½ Fenchelknolle
½ Apfel
3 Stängel Frühlings-
zwiebel
250 g Nordseekrabben

DIE MAYO RÜHREN

Die Knoblauchzehe schälen, fein schneiden und flach drücken.

Die Eier mit einem Schneebesen schaumig rühren, langsam und stetig das Öl portionsweise zulaufen lassen, dabei weiterschlagen, bis die Masse weißlich-steif ist.

Zum Schluss Knoblauch, Zitronensaft, Essig, Paprikapulver und Salz in die Mayonnaise einarbeiten.

DEN SALAT ZUBEREITEN

Die Krabben sind ein Muss, was jedoch an Gemüse und Obst in den Salat kommt, das richtet sich nach den momentanen Vorräten.

Die Gurke schälen, entkernen und in kleine Würfel schneiden.

Die Selleriestange waschen, putzen, von den Fäden befreien und ebenfalls würfeln.

Die Fenchelknolle waschen, putzen und in kleine Stifte schneiden. Das Fenchelgrün aufheben.

Den halben Apfel schälen und stifteln.

Die Frühlingszwiebel putzen und in feine Ringe schneiden.

Die verfügbaren »grünen Zutaten« mit den Krabben mischen und nach Geschmack Mayonnaise unterheben.

Mit geröstetem Brot ein gesunder Genuss!

Muschelragout mit Beurre blanc

MIESMUSCHELN EINMAL ANDERS

Ab Herbst duftet es vielerorts köstlich nach Meer – die Muschelsaison ist eröffnet! Und falls einmal ein Gast die Einladung zu »Muscheln satt« kurzfristig absagt, zaubert man anderntags aus dessen Portion ein feines Ragout.

Die Miesmuscheln waschen, abbürsten und, wenn nötig, den »Bart« durch Herausziehen entfernen. Die Exemplare mit kaputter Schale sofort entsorgen. Danach die Muscheln in reichlich kochendem Salzwasser zugedeckt so lange kochen, bis sie sich einen Spalt breit geöffnet haben (das dauert etwa 15 Minuten). Durch ein Sieb abgießen und etwas abkühlen lassen. Die dann noch immer geschlossenen Muscheln aussortieren und wegwerfen. Die übrigen Exemplare vollständig öffnen und das Muschelfleisch herauslösen.

Die Schalotte schälen und klein würfeln. Den Lauch putzen, waschen und in schmale Ringe schneiden.

Die Butter in einem Kochtopf zerlassen und darin die Zwiebelwürfel und die Lauchringe kurz andünsten. Mit dem Weißwein ablöschen und den Fond sowie die Sahne zugießen. Die Flüssigkeit etwas einkochen lassen und mit Salz und Muskat würzen. Den Senf sorgfältig einrühren, damit er sich vollständig auflöst. Dann die Muscheln zufügen und in der Sauce erwärmen, aber nicht kochen lassen.

Zum Ragout munden krosses Baguette, aber auch feine kleine Salzkartoffeln. Den besonderen Geschmackskick verleiht eine Beurre blanc.

DIE BERÜHMTE FRANZÖSISCHE BUTTERSAUCE: BEURRE BLANC

Die Schalotten schälen und sehr fein hacken.

Die bereits kalte Butter in Würfel schneiden und wieder zurück in den Kühlschrank oder, noch besser, kurz ins Gefrierfach stellen.

Eine Stielkasserolle mit dickem Boden erhitzen, das Zwiebelklein zugeben – Achtung, es darf keine Farbe annehmen! – und mit dem Weißwein ablöschen. Zum Reduzieren der Flüssigkeit die Zwiebeln ohne Deckel einige Minuten lang bei mittlerer Temperatur köcheln lassen. Danach herunterschalten auf die niedrigste Stufe.

Nun einen Butterwürfel nach dem anderen in die Kasserolle geben und jeweils mit dem Schneebesen einrühren. Die Sauce wird so immer cremiger. Am Ende die Temperatur kurz erhöhen und dabei kräftig schlagen.

Zum Schluss die Beurre blanc mit Salz und Pfeffer abschmecken.

Sie schmeckt hervorragend zu weißem Fisch und Meeresfrüchten sowie zu weißem Fleisch – und peppt somit aufs Feinste auch die Essensreste vom Vortag auf.

TIPP:
Für eine Beurre rouge nimmt man Rot- anstelle von Weißwein – köstlich zu kaltem und warmem Kurzgebratenem!

ZUTATEN

1 kg Miesmuscheln
Salz
1 Schalotte
2 Stangen Lauch
2 EL Butter
50 ml Weißwein
100 ml Gemüsefond
100 ml Schlagsahne
Muskat
1 TL mittelscharfer Senf

Für die Beurre blanc
4 Schalotten
200 g eiskalte Butter
100 ml Weißwein
Salz
weißer Pfeffer aus der Mühle

Lamm, Rind, Schwein – unsere wichtigsten Fleischlieferanten

Seit Jahrtausenden hat der Mensch Tiere gejagt, mit Fallen gestellt und geschlachtet. Als wir noch als Nomaden durch die Lande zogen, stammte mindestens die Hälfte der Nahrung von erlegten Tieren. Durch Sesshaftigkeit hat sich der Fleischverzehr verringert. Heutzutage leben wir hauptsächlich von gezüchteten Haustieren und nur im geringen Maße von Wildtieren. Besonders mundet uns dabei das Muskelgewebe der geschlachteten Tiere – womit auch der Begriff »Fleisch« im engeren Sinne definiert wäre.

DAS ZARTFLEISCHIGE LAMM

Bei den Lämmern unterscheiden wir zwischen Milch- und Mastlamm. Milchlämmer sind nicht älter als 6 Monate und haben noch kein Grünfutter bekommen; ihr Fleisch ist sehr hell. Mastlämmer dürfen nicht älter als 1 Jahr sein; ihr Fleisch ist rosafarben und leicht mit Fett durchzogen. Ab dem Alter von 1 Jahr spricht man dann vom Schaf, und zwar sowohl hinsichtlich den weiblichen als auch den kastrierten männlichen Tieren; ihr Fleisch ist dunkelrot, grobfaserig und stark durchwachsen. Als Hammel bezeichnet man das etwas ältere kastrierte männliche Tier; das feste, dunkelrote, marmorierte Fleisch schmeckt intensiv bis streng. Der Bock hingegen besitzt noch die volle Manneskraft und ist älter als 1 Jahr; sein Fleisch ist meist zu streng im Geschmack.

Im Handel wird mittlerweile nur noch in Lammfleisch (von Tieren unter 1 Jahr) und Schaffleisch (älter als 1 Jahr) unterschieden.

Abgesehen von ihrer Eigenschaft als Fleischlieferant sind Schafe heute unsere besten Landschaftsgärtner: In der Haltung nicht sehr anspruchsvoll, arbeiten sie zudem fast »für lau«. Gegen etwas Gras pflegen sie Heidelandschaften, Dämme und Deiche.

Vom Lamm können wir sämtliche Teile in der Küche verarbeiten (in unserem Kulturkreis mit Ausnahme des Kopfes). Variantenreich zubereiten lässt sich Lammfleisch mit unterschiedlichen (Würz-)Kräutern, man kann es in Wein oder Buttermilch marinieren und auch mit asiatischer Geschmacksnote versehen – die Möglichkeiten sind fast unbegrenzt.

Der Nacken, mit Hals und Kamm, ist geeignet zum Schmoren und zum Kochen von Suppen und Eintöpfen.

Die Brust ist saftig, mit etwas Fett durchzogen und eignet sich ebenfalls gut zum Kochen und zum Schmoren.

Die Schulter, angeboten als Bug oder Blatt, macht sich gut in Eintöpfen, als Gulasch und Rollbraten sowie in Form von Grillspießen.

Die Haxen sind saftig, kernig und ideal zum Braten oder Schmoren.

Die Koteletts gibt es als Stiel- oder Lendenkoteletts. Das Stielkotelett stammt aus dem vorderen Teil des Rückens mit den Rippenenden. Die Lendenkoteletts sind aus dem hinteren Strang und werden meistens doppelt, als Schmetterlingskoteletts, angeboten. Ganz vom Knochen ausgelöste Koteletts heißen auch Lamb-/Lamm-Chops. Sie sind perfekt zum Kurzbraten oder Grillen.

Der Rücken, auch Karree oder Lachs genannt, offeriert das zarteste Fleisch, es ist am vielseitigsten verwendbar.

Die Keule (der Schlegel) ist sehr mager und zart – das beste Bratenstück vom Lamm.

Bei der Dünnung handelt es sich um den Bauchlappen, ein flaches durchwachsenes Fleischstück. Man nimmt es für Suppen, Eintöpfe, Gulasch und Rollbraten.

WER MUHT UNTER DEM BEGRIFF »RIND«?

Ganz einfach: sämtliche männlichen und weiblichen Tiere aller Altersklassen. Als da wären: Kälber, Rinder im ersten Lebensjahr; Kühe, die weiblichen Tiere, die bereits gekalbt haben; Färsen, die holde Weiblichkeit ohne Nachwuchs; Bullen, die geschlechtsreifen, männlichen Tiere; Ochsen, die ihre Männlichkeit verloren haben.

Aufgrund seiner Vielfältigkeit steht das Rind auf der Beliebtheitsskala weit oben. Die Garmethoden sind bei den einzelnen Fleischteilen sehr unterschiedlich – ein wenig Vorabrecherche ist somit immer angebracht. Wesentlich ist auch die Reife des Fleisches – »gut abgehangen« bedeutet höhere Qualität. Aber auch die Art der Tierhaltung inklusive Futter spielt eine große Rolle für Fleischqualität und -geschmack: Durften die Tiere regelmäßig auf die Weide oder wurden sie ausschließlich im Stall gehalten oder – die beste »Lebensart« – kamen sie in den Genuss von beidem?

Auch beim Rind sind sämtliche Teile verwertbar. Wobei es laut gängiger Klassifizierung stolze 30 verschiedene Rindfleischteile gibt. Als Beispiel für unsere Küche mögen hier drei genügen:

Das Bugstück oder der Bug ist ein Teil der Schulter und deshalb so interessant, weil auf dem Fleisch nochmals ein Extrastück aufliegt, der sogenannte Deckel, verbunden mit einer Gewebsschicht. Das untere Bugstück lässt sich wunderbar braten oder schmoren, der Deckel ist ideal für Suppe oder Gulasch.

Das Roastbeef ist ein Teil des Hinterviertels und das wohl feinste Stück für einen Braten und für Kurzgebratenes.

Der Tafelspitz, so sagt schon der Name, ist das spitz zulaufende Ende eines Muskels aus der Hüfte – gekocht ein kulinarischer Traum! Auf dem Tafelspitz befindet sich eine Fettschicht, die man beim Kochen drauflassen sollte; sie gibt der Brühe den aromatischen Kick.

DAS HAUSSCHWEIN

Nach wie vor steht Schweinefleisch im Verbrauch an erster Stelle – ob als Hausmannskost oder in der gehobenen Küche, ob traditionell-gutbürgerlich oder innovativ-modern zubereitet, das Schwein punktet mit Vielfältigkeit. Und grundsätzlich lassen sich auch vom Borstenvieh sämtliche Teile verwerten. Überzeugend ist für viele Verbraucher zudem der günstige Preis. Mit einem Wort: Schwein gehabt!

Die Qualität ist allerdings beim Schweinefleisch entscheidend. Fleisch, das ungegart blass und wässrig aussieht, gewinnt auch bei der Zubereitung nicht. Und auch wenn die Niedrigpreispolitik im ersten Moment attraktiv erscheint – gutes (Bio-)Schweinfleisch hat seinen Preis und diesen sollten wir bereit sein zu zahlen.

Hoch im Kurs stehen die »wertvolleren« Stücke mit geringerem Fettanteil, wie Filet, Kotelett, Schinken, Kamm und Bug. Die Teilstücke mit höherem Fett- oder Knochenanteil, wie Bauch, Brustspitze, Eisbein, Speck, Wamme und Kopf, sind dagegen beim Verbraucher weniger gefragt und werden anderweitig verarbeitet.

Da es in diesem Buch um die »vergnügliche Resteverwertung« geht, gebührt dem Hackfleisch Aufmerksamkeit. Es ist nämlich ein Allrounder in der »Küchenwunder-Strategie«. Schweinehackfleisch besteht aus grob entfettetem und entsehntem Schweinefleisch ohne weitere Zutaten. Hackfleisch generell bietet durch seine Struktur und Oberfläche eine größere Angriffsfläche für Keime und ist somit ein dermaßen sensibles Lebensmittel, dass bei der Herstellung und Lagerung bestimmte Hygienevorschriften zu beachten sind – und das EU-weit. Dafür gibt es ein spezielles »Hygiene-Paket«, das alles genau und gut regelt. Grundsätzlich sollte Hackfleisch binnen eines Tages verbraucht werden, am besten stets gut durchgegart. Wenn man dies alles akribisch beachtet, dann ist das Vergnügen am Hackfleisch ein echtes und ein gesundes!

Lammfleisch – ein beliebter Hochgenuss

Unter »Lamm« versteht man ein junges Schaf bis zu einem Alter von etwa 1 Jahr. Dessen zartes, wohlschmeckendes Fleisch setzt sich zunehmend gegen die Konkurrenz Rind durch. Ernährungstechnisch punktet das Lammfleisch mit einem (meist) geringen Fett- und Cholesterinanteil, vielen Vitaminen und Mineralstoffen sowie wertvollem Eiweiß. So deckt eine 100-Gramm-Portion aus der Keule zum Beispiel den Tagesbedarf eines Erwachsenen an Vitamin B12.

Lammcurry mit Gemüseresten

ZUTATEN

750 g Lammschulter
Salz
Pfeffer aus der Mühle
Saft v. 1 Zitrone
125 g Joghurt
2 EL selbst gemachtes Currypulver (s. Rezept S. 70)
500 g Gemüsereste (Möhren/Fenchel/Bohnen/Sellerie)
2 Zwiebeln
1 Knoblauchzehe
2 Tomaten
4 EL Butterschmalz/geklärte Butter
⅛ l heiße Fleischbrühe
evtl. je 1 Pr. gem. Zimt, Kardamom, Kümmel
2 EL geh. Petersilie

Diese Resteverwertung punktet durch geschmackliche Vielfalt: Je nach Gemüsesorte(n) erhält das Curry eine völlig neue Note – jenseits jeglicher Langeweile!

Am Vortag des Kochevents wird das Fleisch mariniert: Die Lammschulter in Würfel von 3 cm Kantenlänge schneiden. Diese in einer Schüssel mit großer Bodenfläche verteilen, salzen und pfeffern. Das Fleisch mit dem Zitronensaft beträufeln. Den Joghurt mit dem Currypulver mischen und ebenfalls auf dem Fleisch verteilen. Über Nacht zugedeckt im Kühlschrank ziehen lassen.

Das Gemüse vorbereiten: Sämtliche Gemüsereste waschen, putzen, schälen und in gleich große Würfel schneiden. Die Zwiebeln und den Knoblauch schälen und würfeln. Die Tomaten häuten (dazu zuvor kurz in kochendes Wasser legen), halbieren, entkernen und in Streifen schneiden.

In einem Schmortopf das Butterschmalz erhitzen und die Zwiebel- und Knoblauchwürfel goldgelb anbraten. Die marinierten Lammstücke zugeben und für 15 Minuten unter ständigem Wenden braten.

Danach die Fleischbrühe zugießen. Das Lamm muss mit Flüssigkeit bedeckt sein, wenn diese nicht ausreicht, noch etwas Wasser zugeben. Für 30 Minuten zugedeckt schmoren lassen.

Danach die »Gemüsewürfelei« zufügen. Für gut 60 Minuten weiterschmoren lassen. Erst in den letzten 10 Minuten die Tomatenstreifen dazulegen. (Die gesamte Garzeit des Gerichts beträgt somit 1 Stunde und 45 Minuten.)

Das Curry abschmecken, bei Bedarf nachwürzen, und vor dem Servieren mit der Petersilie bestreuen.

Dazu passt Reis oder Kartoffelpüree – guten Appetit!

TIPP:

Geklärte Butter: 125 g Butter erhitzen. Den weißen Schaum (aus Milcheiweiß), der sich dabei oben absetzt, so lange mit einer Schaumkelle abschöpfen, bis geklärte, also klare Butter (reines Butterfett), übrig bleibt. Fest geworden, hält sie sich gut verschlossen mehrere Monate im Kühlschrank und verbrennt beim Anbraten nicht.

LAMMCURRY MIT GEMÜSERESTEN

Lammschmortopf auf Norddeutsch

ZUTATEN

800 g Lammfleisch (Schulter / Hals)

200 g durchwachsenen Speck / roher Schinken in Scheiben

2 Zwiebeln

1 Knoblauchzehe

40 g Butterschmalz

⅛ l feinherber Rotwein

Salz

Pfeffer aus der Mühle

¼ l Fleischbrühe

2 feste Äpfel / Birnen

Saft von ½ Zitrone

400 g vorw. festk. Kartoffeln

500 g Bohnen (feine / breite oder gemischt)

2 TL frisches / getr. Bohnenkraut

2 EL Preiselbeeren

Das Lammfleisch von eventuellen Sehnen befreien und würfeln.

Den Speck / Schinken in Streifen schneiden.

Die Zwiebeln und die Knoblauchzehe schälen und klein schneiden.

In einem Bräter das Butterschmalz erhitzen und das Lammfleisch kräftig anbraten, dabei fleißig wenden. Die Knoblauch- und Zwiebelwürfel dazugeben und mitbräunen lassen. Die Speck-/Schinkenstreifen ergänzen. Mit dem Rotwein ablöschen und das Fleisch kräftig würzen. Die Hälfte der Brühe zugießen und das das Lamm im geschlossenen Topf 45 Minuten schmoren lassen, gelegentlich wenden.

In der Zwischenzeit die Äpfel / Birnen schälen, vierteln, entkernen und mit dem Zitronensaft beträufeln, damit sie nicht braun werden.

Die Kartoffeln waschen, schälen und würfeln.

Die Bohnen waschen, putzen und in mundgerechte Stücke brechen.

Das Bohnenkraut waschen.

Nach 25 Minuten Garzeit (und verbleibenden 20) die Kartoffel- und die Bohnenstücke, das (bei Bedarf verlesene und gewaschene) Bohnenkraut und die restliche Brühe in den Bratentopf geben. In den letzten 10 Minuten die Obstviertel und die Preiselbeeren ergänzen.

Vor dem Servieren nochmals abschmecken.

Lammtopf für kalte Tage

AUS EINEM OFT UNGELIEBTEN RESTSTÜCK

ZUTATEN

1 Lammhals (ca. 800 g)

2 l Wasser

50 g Graupen

2 Petersilienwurzeln

3 Möhren

2 Lauchstangen

½ Sellerie

2 Zwiebeln

2 Knoblauchzehen

Salz

Pfeffer aus der Mühle

Den Lammhals vom gröbsten Fett befreien. Dann komplett mit Knochen in drei handliche Stücke sägen. In einen großen Kochtopf legen und 2 l Wasser zugießen (das Lamm sollte in jedem Fall ein, zwei Fingerbreit mit Wasser bedeckt sein). Zum Kochen bringen und bei mittlerer Hitze zunächst 20 Minuten köcheln lassen. Den dabei aufsteigenden Schaum vollständig abschöpfen.

Die Graupen zufügen und den Lammtopf weitere 40 Minuten zugedeckt simmern lassen.

Das Gemüse waschen, putzen und in mittelgroße Stücke schneiden. Die Zwiebeln sowie die Knoblauchzehen schälen und würfeln. Diese Zutaten zum Lamm geben und den Eintopf 1 Stunde weitergaren lassen. Die Gesamtkochzeit beträgt somit 2 Stunden.

Danach vom Herd nehmen, die Lammstücke aus dem Topf holen, etwas abkühlen lassen und das Fleisch vom Knochen lösen. Dabei Sehnen und Knorpel entfernen, sodass nur das schiere Fleisch zurückbleibt. Dieses zurück in den Eintopf tun, der zum Schluss mit Salz und Pfeffer abgerundet wird.

Wie sagte schon meine Großmutter: Vom Lammtopf, diesen ein Mal probiert, jeder ganz besonders schwärmt, wenn er wieder aufgewärmt.

Würzige Lammsuppe

Vom Lammhals das Fleisch sorgfältig abschälen und in große Würfel schneiden. Sehnen und Knorpel entfernen, ein bisschen Fett hingegen darf fürs Aroma beim Anbraten dranbleiben.

In einem großen Kochtopf das Öl erhitzen und die Fleischwürfel darin portionsweise rundherum kross anbraten. Die fertig gebratenen Lammstücke jeweils mit einem Schaumlöffel aus dem Topf fischen und beiseitelegen.

Wenn alle Fleischstücke angebraten sind, die Zwiebeln und die Knoblauchzehen schälen, würfeln und in dem nun leeren Topf mit etwas Öl glasig dünsten. Das Wasser zugießen und das Lammfleisch wieder in den Topf geben. Einmal aufkochen lassen, entstehenden Schaum mit dem Schaumlöffel abschöpfen.

Die Temperatur reduzieren und die Dosentomaten sowie alle Gewürze zugeben. Die Suppe 1 Stunde köcheln lassen, bis das Fleisch weich ist.

In der Zwischenzeit die Möhren sowie die Kartoffeln schälen und würfeln. Die Zucchini längs vierteln und in Scheiben schneiden.

Nach der 1 Stunde Kochzeit die Kichererbsen, die Möhren- und Kartoffelwürfel zufügen und für 15 Minuten mitköcheln lassen.

Danach die Zucchinischeiben sowie die Erbsen zugeben und weitere 15 Minuten mit garen lassen.

Zum Schluss die Lorbeerblätter herausfischen und je nach gewünschter Schärfe Harissapaste einrühren. Die Lammsuppe vor dem Servieren mit Minze- oder Korianderblätter garnieren.

TIPP:
Der Hals ist auch beim Lamm ein oft ungeliebtes Reststück, das man manchmal fast umsonst beim türkischen Lebensmittelhändler oder beim Metzger bekommt. Nachfragen lohnt sich!

ZUTATEN

500 g Lammfleisch vom Hals, ohne Knochen

2–3 EL Öl

2 Zwiebeln

2 Knoblauchzehen

1,3 l Wasser

400 g geh. Tomaten aus der Dose

2 Lorbeerblätter

¼ TL Kreuzkümmel

½ TL Oregano

½ TL Thymian

½ TL Kurkuma

¼ TL Zimt

2 Möhren

2 Kartoffeln

1 Zucchini

400 g Kichererbsen (TK-Produkt; selbst gekochte zunächst über Nacht einweichen)

100 g grüne Erbsen

ca. 1 TL Harissapaste

frische Minze-/ Korianderblätter

MARINIERTE LAMMSCHULTER MIT KARTOFFEL-MÖHREN-STAMPF

Marinierte Lammschulter mit Kartoffel-Möhren-Stampf

ZUERST DIE FESTLICHE KÖSTLICHKEIT – UND DANACH AUF SEITE 120 …

Für die Marinade sämtliche Zutaten gut miteinander verrühren.

Die gewaschene und trocken getupfte Lammschulter in einen ausreichend großen Bräter legen und von allen Seiten mit der Marinade einreiben. Zum Durchziehen mehrere Stunden, am besten über Nacht, zugedeckt kalt stellen.

Anderntags rechtzeitig den Backofen auf 200 °C vorheizen.

Das Butterschmalz in einer Pfanne erhitzen und heiß über den marinierten Lammbraten gießen. Den Bräter in den Backofen stellen und das Fleisch unter mehrmaligem Wenden von allen Seiten kräftig anbraten. Anschließend für 1 ½ Stunden schmoren lassen, dabei nach und nach den Wein und die Brühe zugießen.

In der Zwischenzeit das Gemüse putzen und klein schneiden. Nachdem das Fleisch anderthalb Stunden gegart wurde, das Gemüse ergänzen und für weitere 30 Minuten mitbrutzeln lassen.

Nach insgesamt 2 Stunden Garzeit die Lammschulter aus dem Fond nehmen und warm stellen.

Je nach Vorliebe passiert man den Fond durch ein Sieb oder man lässt ihn »stückig«. Er wird mit Crème fraîche verfeinert und zum Schluss mit Salz und Pfeffer abgeschmeckt.

Als Beilage passen »raue« Spätzle, die die Sauce gut aufnehmen, sowie Kartoffel-Möhren-Stampf. Letzteren kann man bestens aus ein paar übrig gebliebenen Salzkartoffeln und einer bereits gegarten »Beilagenmöhre« fabrizieren: Dazu in einem Kochtopf etwas Milch erhitzen, darin die Möhre und die Kartoffeln zerstampfen, erwärmen und mit Salz, Pfeffer und Muskat abschmecken.

TIPP:
Vorausschauend reichlich Spätzle kochen – damit genügend übrig bleiben für die Resteköstlichkeit (s. Rezept S. 120)!

ZUTATEN

Für die Marinade

3 EL Zitronensaft

¼ l feinherber Rotwein

3 mittelgr. fein geh. Zwiebeln

je 1 EL fein geschn. Estragon, Schnittlauch und glatte Petersilie

grobes Meersalz

schwarzer Pfeffer aus der Mühle

1 Pr. Zucker

Für den Lammbraten

1,5 kg Lammschulter

3 EL Butterschmalz

¼ l Rotwein

¼ l Fleischbrühe

2 Stangen Lauch

2 Möhren

2 Tomaten

150 g Crème fraîche

Für den »Stampf«

einige Salzkartoffeln vom Vortag

eine gegarte Möhre vom Vortag

etwas Milch

Salz

Pfeffer aus der Mühle

Muskat

Fleischpflanzerl mit Spätzle

... DIE KÖSTLICHE »RESTLICHKEIT«

ZUTATEN

Für die Frikadellen
Zutaten laut Rezept
S. 128
Spätzle vom Vortag
ca. 100 g Butter
4 EL Semmelbrösel

Fast immer bleibt von einem opulenten Braten etwas übrig. Die Reste der geschmorten Lammschulter finden zunächst ihre Bestimmung gemäß dem Rezept »Bratenreste nach Gutsherrenart«.

Aber auch die beim Festschmaus nicht aufgegessenen Spätzle kommen zu neuen Ehren: Sie werden in einer Pfanne mit viel Butter geröstet und nach dem Anrichten mit in Butter gebräunten Semmelbröseln bestreut.

Zu dieser deftigen eigenständigen Mahlzeit – ohne die Spur eines »Arme-Leute-Essens«! – schmeckt frischer Blattsalat.

Lammkoteletts auf »mediterranen Röst-Gemüse-Resten«

ESCALIVADA – EINE LEIBSPEISE DER KATALONEN

ZUTATEN

4 doppelte oder 8 einzelne Lammkoteletts
4 Knoblauchzehen
2 EL getr./frische Kräuter (gemischt: Estragon, Kerbel, Basilikum, Thymian, Petersilie)
1 kg Gemüsereste insg. (Tomaten/Paprika/Zucchini/Zwiebeln/Fenchel)
Olivenöl
Meersalz
Pfeffer aus der Mühle
100 g Butter
50 g Butterschmalz/geklärte Butter

Die Gemüsereste dürfen gern schon etwas weich und runzelig sein; das Rösten im Backofen »überdeckt« dies perfekt. Das katalanische Wort escalivar beschreibt übrigens die Zubereitungsart des Gemüses und bedeutet so viel wie »über Glut/glühender Asche rösten«. Wir bleiben allerdings beim Backofen – und heizen diesen vor auf 180 °C.

Die Koteletts waschen, trocken tupfen und abgedeckt kühl stellen.

Die Knoblauchzehen schälen und hacken.

Die frischen Kräuter waschen, trocknen und klein hacken; mit den getrockneten Kräutern mischen.

Das Gemüse waschen, putzen, in gleich große Stücke/Streifen schneiden und auf einem mit Olivenöl großzügig eingepinselten Backblech verteilen. Mit einem Pinsel zusätzlich Olivenöl auf alle Gemüsestücke auftragen. Das Gemüse in den Backofen schieben und für 40 Minuten im Ofen garen, dabei mehrmals wenden. Kurz vor Ende der Garzeit die Hälfte des Knoblauchs zufügen.

Das Gemüse aus dem Ofen nehmen, mit Meersalz und Pfeffer würzen sowie nochmals etwas Olivenöl darüberträufeln, anschließend warm stellen.

Mithilfe einer Gabel ⅔ der gehackten Kräuter und den restlichen Knoblauch in die Butter einarbeiten, pfeffern und salzen. Die Lammkoteletts aus dem Kühlschrank nehmen und einseitig mit der Hälfte der Kräuterbutter bestreichen.

In einer heißen Pfanne die geklärte Butter erhitzen. Darin die Koteletts zunächst für 10 Minuten mit der bestrichenen Seite nach unten braten. Danach den Rest der Kräuterbutter auf die Oberseite der Koteletts streichen, diese wenden und für weitere 10 Minuten braten.

Das Escalivada auf einer Platte anrichten, die Koteletts darauflegen, mit dem Bratenfond übergießen und mit den restlichen Kräutern bestreuen.

Dazu mundet geröstetes Brot.

LAMMKOTELETTS AUF »MEDITERRANEN RÖST-GEMÜSE-RESTEN«

Rindfleisch – überzeugend nicht nur als Steak

Nach wie vor in der Verbrauchergunst weit oben: das Rindfleisch. Es ist (meist) mager, überzeugt mit Aroma sowie einem beachtlichen Gehalt an Mineralstoffen und Spurenelementen (beispielsweise gut verfügbarem Eisen). Zudem zählt Rindfleisch zu einem wichtigen Lieferanten der lebenswichtigen Vitamine Niacin und B12 – bereits 150 Gramm decken hier den Tagesbedarf eines Erwachsenen.

Kartoffel-Muffins mit Überraschungsinhalt

HIER DARF VARIIERT WERDEN

ZUTATEN
Für 12 Stück

ca. 3 EL Butter
600 g festk. Kartoffeln
2 Stängel Majoran
100 g durch-
wachsener Speck
oder
100 g Fleischwurst/
Salami / Würstchen
60 g Hartkäse
200 g Schlagsahne
Salz
Pfeffer aus der Mühle

Als Erstes das Muffinblech vorbereiten: Dazu in jede Mulde ein Muffin-Papierförmchen legen und den Boden jeweils mit etwas zimmerwarmer Butter auspinseln.

Nun den Backofen auf 175 °C vorheizen.

Die Kartoffeln schälen, waschen, halbieren und in dünne Scheiben schneiden.

Den Majoran waschen, die Blätter abzupfen und zerrupfen.

Je nachdem, welche Überraschung man den »Mitessern« bereiten möchte, schneidet man den Speck oder die diversen Wurstzutaten in Streifen oder Würfel. Diese in einer heißen Pfanne mit 1 EL zerlassener Butter kurz anbräunen lassen. Die Hälfte der Majoranblättchen untermischen.

Den Käse fein reiben und mit der Schlagsahne verrühren; salzen und pfeffern.

Die Muffin-Förmchen halbhoch mit Kartoffelscheiben füllen, darauf die Speck-/Wurstfüllung verteilen, und zwar so hoch, dass oben noch etwas Platz bleibt für die Käse-Sahne-Mischung, die man zum Schluss hineingießt.

Das Blech vorsichtig in den Backofen stellen und die kleinen »Überraschungspakete« 20 bis 25 Minuten backen.

Die Muffins entweder mit oder ohne Papiermanschetten und mit den restlichen Majoranblättchen bestreut anrichten.

Hierzu mundet ein Tomaten- oder Paprikasalat.

Fruchtig-süßer Rinderbraten

SO VERSÜSST MAN SICH DIE RESTEVERWERTUNG

Den Bratenrest nochmals aufzuwärmen ist langweilig – wir zaubern daraus einfach ein neues Gericht. Das kräftig schmeckende Rindfleisch verträgt sich ausgezeichnet mit einer süßen Note.

Den Backofen auf 175 °C vorheizen.

Den Bratenrest in Scheiben und anschließend in breite Streifen schneiden.

Die Kartoffeln schälen, waschen und in Scheiben schneiden.

Die Mirabellen waschen und entsteinen.

Die Zwiebeln schälen und fein würfeln.

Den Majoran waschen, trocken tupfen, die Blätter abzupfen und grob hacken.

In einer heißen Pfanne das Öl erhitzen und die Kartoffelscheiben darin bei mittlerer Temperatur im Verlauf von circa 25 Minuten kross braten. Dabei öfter wenden, anschließend salzen und pfeffern.

In der Zwischenzeit 50 g Butter in eine feuerfeste Form geben und diese im heißen Backofen zum Schmelzen bringen. Wenn die Butter „auf Temperatur" ist, die Rinderbratenstücke hineingeben und diese im Ofen mit ein wenig vom Majoran leicht anbräunen lassen; dabei ein-, zweimal wenden.

Während die Kartoffelscheiben noch braten, in einem Kochtopf 25 g Butter schmelzen lassen und darin die Zwiebelwürfel glasig dünsten, mit dem Mehl bestäuben, anschwitzen lassen und dann mit dem Fruchtsaft, der Gemüsebrühe sowie der Sahne ablöschen und kurz aufkochen lassen. Die Mirabellen sowie den restlichen Majoran zufügen und alles für knapp 10 Minuten leise köcheln lassen, mit Salz und Pfeffer abschmecken.

Die Rinderbratenstreifen aus dem Backofen nehmen, in die Mirabellensauce geben und mit den gerösteten Kartoffelscheiben servieren.

ZUTATEN

ca. 600 g gegarter Rinderbraten

600 g Kartoffeln

400 g Mirabellen

2 Zwiebeln

3 Stiele Majoran

2 EL Öl

Salz

Pfeffer aus der Mühle

75 g Butter

1 EL Mehl

150 ml heller Fruchtsaft (Aprikose/Apfel/Ananas etc.)

250 ml Gemüsebrühe

100 g Schlagsahne

Panierter Tafelspitz

RESTSTÜCKE VOM SONNTAGSBRATEN – ÜBERZEUGEND VERWERTET

Den Rest Tafelspitz in dickere Scheiben schneiden.

Die Eier in einer flachen Schale mit Salz und Pfeffer verrühren. Die Petersilie waschen, fein schneiden und zu den verquirlten Eiern geben.

Die hart getrockneten Brötchen zu Semmelbröseln zerreiben, am besten direkt hinein in einen tiefen Teller.

Das Mehl in einen extra Teller schütten.

Die Tafelspitzscheiben als Erstes im Mehl wenden, dann beidseitig durch das Ei ziehen und zum Schluss mit den Semmelbröseln panieren.

Öl in einer Pfanne erhitzen und darin den panierten Tafelspitz goldbraun von beiden Seiten ausbacken.

Zum Hauptgericht wird diese Köstlichkeit mit Bratkartoffeln und Salat.

ZUTATEN

ca. 400 g gekochter Tafelspitz

2 Eier (Gew.-Kl. M)

3 Stängel Petersilie

2 altbackene Brötchen

ca. 3 EL Mehl

Salz

Pfeffer aus der Mühle

geschmacksneutrales Öl

Kohlrouladen – jenseits des Gutbürgerlichen

EINGEWICKELT INS KRAUT: DER GESCHMACK DES SÜDENS

ZUTATEN

1 Wirsingkohl
2–3 EL Mehl
600 g Fleischreste von Hähnchen/Pute/Rind/Schwein
oder
600 g gemischtes Hackfleisch
1 Glas Oliven ohne Stein
100 g Schafskäse
2 rote Zwiebeln
2 Knoblauchzehen
50 g Semmelbrösel
2 Eier
Salz
Pfeffer aus der Mühle
Paprikapulver
4 EL Öl
1 EL Tomatenmark
750 ml Gemüsebrühe
250 ml Rotwein
1 weiße Zwiebel
2 rote Paprika
2 Fleischtomaten
2 EL Rohrzucker
2 EL Weißweinessig
4 Stiele Thymian

Vom Wirsingkohl den Strunk herausschneiden, bei Bedarf ein, zwei »unschöne« äußere Blätter entfernen und dann vorsichtig 8 große Blätter (plus 2 weitere als Reserve, falls ein Blatt später zerreißen sollte) ablösen. Salzwasser zum Kochen bringen und darin die Wirsingblätter 5 Minuten blanchieren. Danach herausschöpfen und die dicke Mittelader mit einem Messer etwas abflachen.

Vom Kohlkopf 4 kleinere Blätter waschen, fein hacken und in etwas Mehl wenden.

Wenn man für die Füllung Fleischreste verwertet, dann diese sehr klein schneiden oder durch den Fleischwolf drehen.

Die Oliven hacken, den Schafskäse zerbröseln, die roten Zwiebeln und die Knoblauchzehen schälen und fein hacken; in eine Schüssel geben. Die Semmelbrösel sowie das Hackfleisch zufügen und diese Zutaten sorgfältig vermischen. Die Eier hineingeben, kräftig mit Salz, Pfeffer und Paprika würzen und die Füllung gut durchkneten.

Auf die 8 Wirsingblätter (dabei die 2 überzähligen mitverwerten) jeweils eine Portion Fleischmasse geben und zu einer Roulade wickeln. Diese mit Küchengarn oder Zahnstochern fixieren.

Die Krautwickel in Mehl wälzen und in einer Pfanne mit heißem Öl goldbraun anbraten.

Dann in einem Bräter die gehackten Wirsingblätter ebenfalls in etwas Öl anbraten, das Tomatenmark zugeben, leicht karamellisieren lassen und mit der Gemüsebrühe ablöschen. Die Rouladen hineinlegen und zugedeckt im Bräter gut 1 Stunde köcheln lassen; dabei mehrmals wenden. Etwa 15 Minuten vor Ende der Garzeit den Rotwein zufügen.

In der Zwischenzeit die weiße Zwiebel schälen und hacken. Die Paprika schälen und würfeln, ebenso die Tomaten; dazu diese zunächst kurz mit kochendem Wasser überbrühen, damit sich die Schale abziehen lässt.

In einer Pfanne etwas Öl erhitzen, darin die Zwiebelwürfel anschwitzen, den Rohrzucker zufügen und unter Rühren leicht karamellisieren lassen. Dann die Paprika- und die Tomatenwürfel zugeben. Mit dem Essig ablöschen und beiseitestellen.

Die fertig gegarten Rouladen aus dem Bräter nehmen, die Fixierung entfernen. Die Paprika-Tomaten-Mischung in die Sauce geben und diese bei Bedarf mit Salz und Pfeffer nachwürzen.

Serviert werden die Krautwickel mit dem Paprika-Tomaten-Gemüse. Dazu passt Reis, aber auch kleine Thymiankartoffeln sind geeignet.

KOHLROULADEN – JENSEITS DES GUTBÜRGERLICHEN

Bierfleisch à la Mozart

AM TISCH EINES GROSSEN KOMPONISTEN

ZUTATEN

400 g mageres rohes
Rindfleisch

200 g Räucherspeck

4 Zwiebeln

40 g Butterschmalz

1 Flasche dunkles Bier

Salz

Pfeffer aus der Mühle

5 Wacholderbeeren

1 TL Kümmel

3 Lorbeerblätter

1 EL gerebelter
Thymian

1 Scheibe dunkles Brot

30 g Butter

3 Möhren

Mozart liebte – wie die meisten Österreicher – Fleisch und Bier über alles. Doch zur damaligen Zeit musste man oft mit Fleisch knausern. Deshalb versuchten die findigen Köche, das musikalische Genie mit Fleischresten und kleineren Mengen bei Laune und Schaffenskraft zu halten. Oder anders ausgedrückt: Was vom Tafelspitz übrig geblieben war …

Das Rindfleisch in größere, den Räucherspeck in kleine Würfel schneiden. Die Zwiebeln schälen und ebenfalls klein würfeln.

Das Butterschmalz in einem großen Kochtopf erhitzen und darin zunächst die Fleischwürfel kross anbraten. Den Räucherspeck sowie die Zwiebelwürfel zugeben und ebenfalls goldbraun braten. Mit einer halben Flasche Dunkelbier ablöschen und umrühren. Salzen und pfeffern sowie die übrigen Gewürze zufügen. Das Brot in den Eintopf bröseln und die Butter in Flöckchen zugeben. Das Bierfleisch 45 Minuten köcheln lassen.

In der Zwischenzeit die Möhren schälen und in Scheiben schneiden.

Nach Ende der Kochzeit das Rindfleisch aus dem Topf fischen und kurz beiseitestellen.

Die Sauce in ein kleines Gefäß umfüllen und danach mithilfe eines (Rühr-)Löffels durch ein Sieb streichen, und zwar zurück in den Kochtopf; die festen Bestandteile im Sieb werden entsorgt.

Das Rindfleisch zurück in die Sauce legen, die Karottenscheiben zugeben und das restliche Bier zugießen. Wenn die Karotten nach circa 10 Minuten weich sind, den Eintopf in einer Terrine servieren.

Dazu schmecken Beilagen, die viel Sauce »vertragen«, zum Beispiel Spätzle, Semmelknödel oder Erdäpfel (Kartoffeln).

TIPP:
Das traditionelle Salzburger Gericht lässt sich »gemüsig« verlängern durch mitgeschmorte Möhrenscheiben.

Schweinefleisch – zu Unrecht in Verruf

... zumindest, wenn man zum Öko-/Bioschwein greift. Was außerdem kaum jemand weiß: Neben Eiweiß ist Schweinefleisch auch ein wertvoller Lieferant von Mineralstoffen, Spurenelementen und Vitaminen. Besonders hervorzuheben sind hier Vitamin B1 als »Energieversorger«, Vitamin B6 für die Bildung Roter Blutkörperchen und Selen als wichtiges Spurenelement für die Schilddrüsenfunktion.

Schweinefilet-Türmchen

EIN RESTSTÜCK FILET IMPOSANT PRÄSENTIERT

Den Backofen vorheizen auf 200 °C.

Den Spinat/Giersch waschen und trocken tupfen. Falls Tiefkühlspinat verwendet wird, diesen auftauen lassen.

Das Filetstück – ob noch roh oder bereits gegart – in vier gleich dicke Scheiben schneiden. Diese beidseitig mit etwas Olivenöl bepinseln und feine Zesten von etwa der Hälfte der Zitrone übers Fleisch raspeln, anschließend die Stücke salzen und pfeffern. Für kurze Zeit marinieren lassen.

Die Kartoffeln schälen, waschen und in dicke Scheiben schneiden. Diese auf einem sparsam eingeölten Backblech ausbreiten, mit ein wenig Öl beträufeln, pfeffern, salzen und ebenfalls mit Zitronenzesten versehen. In den Ofen schieben und 20 Minuten backen; danach bei Bedarf warm halten.

In der Zwischenzeit die Knoblauchzehen schälen und fein hacken. Den Spinat/Giersch blanchieren, abtropfen lassen, dann in etwas Olivenöl schwenken und mit gehacktem Knoblauch, Salz, Pfeffer und Muskat würzen.

Die marinierten Schweinefilets in einer Pfanne mit heißem Öl von beiden Seiten scharf anbraten, herausnehmen und sofort in Alufolie einschlagen. Für 10 Minuten im Backofen nachgaren lassen (bei rohem Fleisch) oder heiß werden lassen.

Die Zwiebel schälen, in Ringe schneiden, im Bratfett glasig dünsten und danach herausschöpfen; kurz im Backofen »zwischenparken«.

Den verbliebenen Bratensatz mit dem Weißwein ablöschen und etwas einkochen lassen. 2 EL Olivenöl unterrühren sowie den Bratensaft, der sich während des Nachgarens im Folienpaket gebildet hat. Bei Bedarf mit Gewürzen abschmecken.

Als letzter Akt folgt der Turmbau: als »Fundament« einige Kartoffelscheiben, darauf das Blattgemüse, danach eine Schweinefiletscheibe, als oberstes »Stockwerk« erneut eine Kartoffel, gekrönt von einem »Dach« aus Gemüse. Zuoberst thronen noch die Zwiebelringe. Das ESSBAR-Türmchen wird umringt von Sauce und einigen (halbierten) Cocktailtomaten.

ZUTATEN

500 g Blattspinat/Giersch

200 g rohes/gegartes Schweinefilet

ca. 100 ml Olivenöl

Schale v. 1 unbeh. Zitrone

Salz

Pfeffer aus der Mühle

4 gr. Kartoffeln

2 Knoblauchzehen

Muskat

1 rote Zwiebel

150 ml Weißwein

8 Cocktailtomaten

Theas pfiffige Restesuppe

DIE FRAU VON SEITE 17 & DAS VORTAGESHACKFLEISCH

ZUTATEN

2 EL Öl
300–500 g Schweine-/
gem. Hackfleisch
500 g Lauch
1,5 l Gemüsebrühe
2 Schmelzkäse à 200 g
(Natur / Kräuter)
Pfeffer aus der Mühle
Salz

In einem Kochtopf das Öl erhitzen. Das Hackfleisch hineinbröseln und unter Wenden gut durchbraten, bis es leicht gebräunt ist.

Den Lauch putzen, waschen und in Ringe schneiden. Diese in den Topf geben und circa 5 Minuten lang bei mittlerer Hitze mitbraten. Danach sofort mit der Gemüsebrühe ablöschen.

Den Schmelzkäse hineinbröckeln und die Suppe so lange umrühren, bis der Käse geschmolzen ist. Zum Schluss mit Pfeffer und bei Bedarf etwas Salz abschmecken.

Mit geröstetem Brot servieren – voilà, fertig ist das Schnellgericht!

Bratenreste nach Gutsherrenart

... ODER: WAS VOM (VOR-)TAGE ÜBRIG BLIEB

ZUTATEN

2 altbackene Brötchen
2 Schalotten
2 Bund frische Garten-
kräuter (Petersilie /
Kerbel / Schnittlauch)
500 g Fleisch vom
Vortagsbraten
250 g gek. Kartoffeln
vom Vortag
500 g gem.
Hackfleisch
2 Eier (Gew.-Kl. M)
Salz
Pfeffer aus der Mühle
frisch ger. Muskatnuss
2 EL Öl

Nicht nur in der ländlichen (Groß-)Küche, in der oft üppige Mengen Fleisch auf den Tisch kamen, blieben stets Bratenreste übrige, die anderntags raffiniert verarbeitet wurden. Auch in unserer heutigen, eher fleischreduzierten Küche freuen wir uns, wenn der (Sonntags-)Braten für mehrere Tage reicht und nicht nur als kalter Aufschnitt »aufersteht«.

Die Brötchen in Wasser einweichen und dann gut ausdrücken.

Die Zwiebeln schälen und würfeln.

Die Kräuter waschen, trocken schütteln und klein hacken.

Das Bratenfleisch klein schneiden, die Kartoffeln grob zerdrücken und beides in einer Schüssel mitsamt den Brötchen vermengen. Im Anschluss diese Mischung durch den Fleischwolf in eine große Schüssel drehen. (Wer keinen Fleischwolf besitzt, kann die Küchenmaschine zu Hilfe nehmen oder den Pürierstab; in diesem Fall allerdings muss man das Fleisch vorab manuell besonders fein zerkleinern und dann portionsweise »schreddern«, um den »widerspenstigen« Fleischfasern Herr zu werden.)

Unter diese Masse die Zwiebelwürfel kneten, danach das Hackfleisch, die Eier und die Kräuter. Kräftig mit Salz, Pfeffer und Muskat würzen.

Mit feuchten Händen jeweils kleine Portionen der Masse zu Frikadellen formen.

In einer großen, hohen Pfanne das Öl erhitzen und die Fleischpflanzerln von beiden Seiten bei mittlerer Hitze goldbraun braten.

Ein frischer Tomatensalat rundet die gehaltvolle »Verwertung« ab.

Schmorgericht nach Bamberger Art

SCHON UNSERE VORFAHREN WAREN MEISTER IM VERWERTEN

Anstatt das Reststück vom Schweinebraten als »langweiligen« Aufschnitt zu servieren, bereiten wir daraus ein herzhaftes Schmorgericht nach Vorväterart.

Vom noch rohen Kohlkopf zunächst die äußeren 12 Blätter ablösen; dabei das Messer zu Hilfe nehmen und die Blätter notfalls in größeren Lappen ablösen, denn sie müssen nicht zwingend ganz bleiben. Danach innen den Strunk entfernen.

Einen großen Topf mit Salzwasser zum Kochen bringen und darin den verbliebenen Kohlkopf für circa 10 Minuten blanchieren. Vom Herd nehmen und den Kohl fein hacken.

Den Schweinebraten zuerst in dünne Scheiben und danach in feinste Würfel schneiden.

Den Speck ebenfalls in dünne Scheiben schneiden.

Die Zwiebeln schälen und würfeln.

Als Nächstes den Backofen auf 220 °C vorheizen.

In einem Kochtopf 2 EL Butterschmalz erhitzen und darin die Zwiebelwürfel anrösten. Das Schweinefleisch und das Hackfleisch zugeben und ebenfalls anbraten. Den gehackten Kohl zugeben und die Mischung mit Kümmel, Salz und Pfeffer würzen. Den Weißwein zugießen und das Ganze circa 10 Minuten schmoren lassen.

Eine Auflaufform mit dem restlichen Butterschmalz einfetten. Darin 8 Kohlblätter so auslegen, dass Boden und Wände der Form ausgekleidet sind. Auf dieser Unterlage die geschmorte Füllung verteilen. Mit den restlichen 4 Kohlblättern abdecken und zuoberst die Speckstreifen platzieren.

Den »großen Krautwickel« im heißen Backofen 40 bis 50 Minuten garen lassen.

Am besten passen hierzu Salzkartoffeln oder Kartoffelklöße.

TIPP:
Besonders landschaftlich-zünftig gerät der fränkische Krautbraten mit hellem Kellerbier statt Weißwein.

ZUTATEN

500 g Weißkohl

250 g Reststück v. Schweinebraten

200 g geräucherter Speck

3 Zwiebeln

4 EL Butterschmalz

350 g Hackfleisch v. Schwein

2 EL Kümmel

Salz

Pfeffer aus der Mühle

¼ l Weißwein

VERLÄNGERTE SCHNITZEL

Verlängerte Schnitzel

NUR 2 SCHNITZEL FÜR 4 PERSONEN – DAS SOLL REICHEN?!

Die beiden Schnitzel flach klopfen für eine möglichst große Oberfläche. Diese salzen und pfeffern, dann gleichmäßig mit der Mettwurst bestreichen und darauf mit einem Messer den Ketchup verteilen. Dann den Fleischlappen aufrollen, dabei die Seiten einschlagen, damit später nichts rausläuft. Die Rouladen rundum in der Hälfte des Mehls wälzen. Zum Schluss mit zwei Zahnstochern fixieren.

Den Blumenkohl und den Brokkoli waschen und in kleine Röschen zerteilen. Das Gemüse in kochendem Salzwasser circa 10 Minuten zugedeckt garen lassen. Die Röschen herausschöpfen, warm halten und das Gemüsewasser aufheben.

Die Schnitzelröllchen in einer heißen Pfanne mit etwas Öl bei nicht zu hoher Temperatur rundum etwa 15 Minuten goldbraun durchbraten; kurz warm halten.

1 EL Mehl mit dem Curry und dem Kurkuma vermischen. Die Butter in einer Pfanne erhitzen und darin die Mischung anschwitzen. Mit circa 150 ml Gemüsewasser ablöschen. Die Sahne einrühren, einmal aufkochen lassen und die Sauce dann unter Rühren weitere 5 Minuten köcheln lassen. Mit Salz und Pfeffer abschmecken.

Die Schnitzelrouladen von der Fixierung befreien und schräg in Stücke schneiden. Zum Servieren das Gemüse mit der Sauce anrichten und die Schnitzelscheiben platzieren.

Hierzu munden am besten schlichte Salzkartoffeln.

ZUTATEN

2 Schnitzel
Salz
Pfeffer aus der Mühle
200 g Mettwurst (streichfähig)
2 EL Tomatenketchup
3 EL Mehl
1 Blumenkohl
1 Brokkoli
1 EL Öl
2 EL Currypulver
1 EL Kurkuma
2 EL Butter
100 g Schlagsahne

Salat nach Spelunkenwirt Peters Art

DER LEBERKÄS'-REST VOM VORABEND WIRD ZUM ZÜNFTIGEN SALAT

Den Leberkäse in fingerdicke Scheiben schneiden und diese in einer heißen Pfanne mit etwas Butter von beiden Seiten kurz anbraten, danach die Herdplatte ausschalten und den Fleischkäse in der heißen Pfanne belassen.

Die Paprika waschen, putzen und in mundgerechte schmale Streifen schneiden. Die Zwiebeln schälen, längs halbieren und dann quer in dünne Scheiben zerteilen. Den Hartkäse in ähnlich große Streifen wie die Paprika schneiden und den gewaschenen Schnittlauch in Röllchen.

Für die Salatsauce den Essig in einer Schüssel mit dem Honig sowie dem Senf gut verrühren, salzen und pfeffern. Dann nach und nach das Öl zufügen und die Vinaigrette cremig aufschlagen.

Den (gern noch warmen) Leberkäse ebenfalls in mundgerechte schmale Streifen schneiden.

Sämtliche Zutaten in die Schüssel geben, gründlich mit der Salatsauce vermengen und den Leberkäs'-Salat gut 30 Minuten lang durchziehen lassen.

Dazu ein kräftiges Brot mit Butter – fertig ist die zünftige Vesper/Brotzeit.

ZUTATEN

ca. 250 g gebackener Leberkäse (Fleischkäse)
1 TL Butter
4 Paprika (rot/gelb/grün)
2 rote Zwiebeln
250 g Hartkäse
1 Bund Schnittlauch
4 EL Weißweinessig
1 EL Honig
2 EL Senf
Salz
Pfeffer aus der Mühle
4 EL Öl

EIER

GETREIDE

MILCH · KÄSE

Das Ei – eine nicht ganz runde Sache

In vielen Farb- und Größenvarianten legen die verschiedensten Hühner-, Wachtel-, Enten- und Gänsearten dieses »unrunde Ding« in unser »Küchennest«. Von all den anderen Vogelarten, deren Eier nicht oder nur selten auf unserem Speiseplan landen, gar nicht zu reden.

DIE BEKANNTESTEN »SPEISEEIER«

Die größten Eier, die bei uns »küchentechnisch« zum Einsatz kommen, stammen von der Gans. Mit über 200 g Gewicht übertreffen sie alle anderen auf Märkten oder im Lebensmittelhandel erhältlichen Eier. Hier unbedingt auf Frische achten! Außerdem nur zum Kochen oder Backen verwenden.

Die Enteneier sind etwas größer als Hühnereier und kräftiger im Geschmack. Wie für die erstgenannten gilt auch hier die Maxime: mindestens 10 Minuten kochen vor dem Verzehr oder zum Backen nehmen.

Wachteleier hingegen kann man roh oder gekocht essen. Sie werden in Gläsern als Delikatesse angeboten und ansonsten wie Hühnereier zubereitet. Etwa um die Hälfte kleiner als Hühnereier, beträgt ihre Kochzeit exakt 2 Minuten und 20 Sekunden.

Die Eier des Zwerghuhns sind ebenfalls etwa halb so groß wie Hühnereier. Im Geschmack gleichen sie Letzteren.

WIE EIER GEKENNZEICHNET WERDEN

In der EU müssen alle Eier der Güteklasse A mit dem sogenannten Erzeugercode gestempelt werden. Freiwillig hingegen ist der Aufdruck des Mindesthaltbarkeitsdatums (MHD). Der Erzeugercode verrät dem Verbraucher etliche wichtige Details:

Ein Beispiel:
0-DE-1234567
MHD 01.10.2013

TIPP:
Übrig gebliebenes Eiweiß kann man luftdicht verschlossen mehrere Tage im Kühlschrank aufheben und sogar über mehrere Monate einfrieren.

Die 0 verrät, dass wir es hier mit einem Ei aus Biohaltung zu tun haben. Denn die erste Ziffer der Reihe bedeutet jeweils:
0 = Biohaltung
1 = Freilandhaltung
2 = Bodenhaltung
3 = Käfighaltung

Es folgen der oder die Buchstaben des Landes, in dem der Erzeugerbetrieb registriert ist, beispielsweise:
DE = Deutschland
AT = Österreich
BE = Belgien
NL = Niederlande

Die 7 Ziffern des sogenannten Betriebscodes – in unserem Beispiel: 1234567 – trifft Aussagen über die Herkunft des Eies. In der BRD verraten die ersten beiden Stellen, aus welchem Bundesland das Ei stammt, die dritte bis sechste Stelle steht für den Betrieb und die siebte für den konkreten Stall. Somit lässt sich bei Bedarf die Herkunft des Eies genau zurückverfolgen.

Das Mindesthaltbarkeitsdatum (MDH) ist eine für uns Verbraucher wichtige Angabe. Es bedeutet, dass das Ei bis zu dem genannten Tag (bei Aufbewahrung im Kühlschrank) als weich gekochtes Ei genießbar ist. Ist das Datum jedoch überschritten, sollte das Ei nur noch hart gekocht verzehrt oder gut durchgegart zum Kochen verwendet werden.

Hinweise zu MHD, Lagerung, Art der Verwertung sowie Gewichtsklasse befinden sich darüber hinaus auch auf dem Eierkarton – nur hat man diesen ja nicht immer zur Hand.

DAS IST (NICHT) DAS GELBE VOM EI!

… oder anders gesagt: Worauf es bei Lagerung & Verwertung des Eies ankommt, damit daraus eine runde Sache wird.

Was nicht jeder weiß, aber unbedingt beherzigen sollte: Eier – möglichst im Kühlschrank – immer mit dem spitzen Ende nach unten lagern. Der Grund: Die Luftkammer am stumpfen Ende ist der sensibelste Punkt des Eies, hier können Keime, Bakterien und Gerüche am leichtesten eindringen. Würde das Ei nun mit der stumpfen Seite nach unten gelagert, versuchte die Luft nach oben zu gelangen und könnte dadurch die innere Haut von der Schale lösen – damit verlöre das Ei einen wichtigen Schutzschild und würde anfälliger für schädliche Keime.

Genauso wichtig ist in diesem Zusammenhang eine intakte Schale. Selbst kleinste Risse öffnen Tür und Tor für unerwünschte »Eindringlinge«. Beschädigte Eier deshalb unbedingt sofort verwenden und immer gut durcherhitzen.

Immer wieder hört man von Erkrankungen durch Salmonellen (eine Bakterienart), besonders in den Sommermonaten. Es ist durchaus Vorsicht geboten – aber man sollte nicht dramatisieren. Rohe Eier, die von mit Salmonellen infiziertem Geflügel stammen, können dabei eine Infektionsquelle darstellen. Normalerweise befindet sich diese spezifische Bakterienart nur auf der Eierschale; ist jedoch das innen liegende Eihäutchen beschädigt, können die »Biester« ins Innere des Eies gelangen.

Das Risiko einer Salmonelleninfektion lässt sich mit etwas Achtsamkeit auf einfache Weise minimieren:

· Ist das Ei älter als 3 Wochen, immer hart kochen oder als Panierung verwenden.
· Spiegeleier generell von beiden Seiten braten.
· Weist ein Ei Beschädigungen an der Schale auf, ein älteres Ei besser gleich entsorgen, ein frisches nur hart gekocht oder in gut durchgegarten Speisen verzehren. So mindert ein circa 10-minütiges Erhitzen auf mindestens 75 °C die Gefahr deutlich.
· Im sauren Milieu fühlen sich die Bakterien gar nicht wohl – was man sich nicht nur in Sachen Küchenhygiene zunutze machen kann, sondern auch durch gründliches Abreiben der Eier mit Essig.

Braune oder weiße Eier – alles eine Frage der persönlichen Farbvorliebe? Nicht ganz. Einen Geschmacksunterschied gibt es nicht, aber die braune Schale ist etwas dicker als die weiße und platzt damit nicht so schnell beim Kochen wie die weiße. Die unterschiedliche Färbung der Schale ist abhängig von der Hühnerrasse und auch der Art der Fütterung.

APRIKOSEN-CLAFOUTIS (REZEPT SEITE 141) UND PFLAUMEN-CLAFOUTIS

Wann ist das Ei (zu) alt?

Richtschnur für die Lagerdauer: Im Kühlschrank sind intakte, frische Eier circa 4 Wochen haltbar, bei Zimmertemperatur hingegen nur 1 Woche. Nach Ablauf des MHD (= 28 Tage nach dem Legetag) sollten Eier binnen einiger Tage verbraucht und zudem ausschließlich gut durchgegart gegessen werden.

Pflaumen-Clafoutis

Den Backofen auf 175 °C vorheizen.

Die Pflaumen waschen, entkernen und halbieren.

Eine feuerfeste Form mit der Butter einfetten und mit 2 EL Zucker ausstreuen, darin die Pflaumen verteilen.

Die Vanilleschote längs halbieren und sorgfältig das Mark herauskratzen.

Die Eier sorgfältig trennen.

Das Eiweiß mit 50 g Zucker steif schlagen, vorübergehend kühl stellen.

Das Eigelb mitsamt dem Vanillemark, 50 g Zucker und etwas Salz cremig rühren. Abwechselnd portionsweise das Mehl und die Sahne untermengen. Zum Schluss vorsichtig den Eischnee unterheben.

Die Eiermasse über die Pflaumen verteilen und die Süßspeise für 30 bis 35 Minuten in den Backofen schieben. Sollte die Oberfläche zu braun werden, rechtzeitig mit Alufolie abdecken.

Vor dem Servieren mit Puderzucker bestäuben.

ZUTATEN

8–10 Pflaumen
1 EL Butter
2 EL Zucker
1 Vanilleschote
4 Eier (Gew.-Kl. M)
100 g Zucker
1 Pr. Salz
100 g Mehl
100 g Schlagsahne
1 TL Puderzucker

TIPP:
Wer mag, mariniert die Pflaumen zuvor mit einem Gläschen Rum oder Zwetschgenwasser.

POCHIERTE EIER

Aprikosen-Clafoutis

Den Backofen vorheizen auf 175 °C.

Die Aprikosen waschen, halbieren und entsteinen.

Die Vanilleschote längs aufschneiden und das Mark herauskratzen.

Die Eier trennen.

Das Eiweiß steif schlagen, dabei die Hälfte des Zuckers einrieseln lassen; kühl stellen.

Das Eigelb mit etwas Salz und dem restlichen Zucker schaumig schlagen, nach und nach die Sahne sowie das Mehl unterrühren. Als Letztes den Eischnee unterheben.

Eine feuerfeste Form mit der Butter einstreichen und mit dem Zucker ausstreuen. Darin die Aprikosen verteilen und mit der Eiermasse bedecken.

In circa 35 Minuten goldgelb backen und vor dem Servieren mit Puderzucker bestreuen.

TIPP:
Zur wahrhaft süßen Sünde werden die beiden Clafoutis-Varianten mit einem Klacks geschlagener Sahne.

ZUTATEN

12 kl. süße Aprikosen
1 Vanilleschote
4 Eier (Gew.-Kl. M)
100 g Zucker
1 Pr. Salz
60 g Schlagsahne
120 g Mehl
1 EL Butter
2 EL Zucker
1 EL Puderzucker

Pochierte Eier

VÖLLIG ZU UNRECHT IN VERGESSENHEIT GERATEN!

Das Gericht selbst stellt keine Resteverwertung dar – denn es müssen sehr frische Eier sein –, aber man kann diese traditionelle Eierspeise zum Beispiel auf verschiedenen »Unterlagen« servieren. Und für diese wiederum lassen sich allerlei Restevorräte aus dem Kühlschrank verwerten. Ein paar Vorschläge: ein Bett aus Kräuterrühreiern (aus nicht mehr ganz so frischen Eiern), aus gedünstetem Gemüse, aus würzigem Tomatenhack, aus Kräuterquark.

Das Wasser mit dem Essig, dem Zucker, dem Salz und sämtlichen Gewürzen in einem Topf für 15 Minuten köcheln lassen. Dabei darf der Sud den Siedepunkt nicht überschreiten. Dann die Gewürze mit einer Kelle aus dem Wasser holen und entsorgen.

Die Eier einzeln in eine Tasse aufschlagen und vorsichtig in das heiße Wasser gleiten lassen. Dabei nie mehr als drei Eier gleichzeitig garen.

Nach circa 3 Minuten die Eier mit einer Schaumkelle herausholen und unter kaltem Wasser kurz abschrecken. Fransige Ränder kann man nach Belieben abschneiden.

Bei Bedarf die bereits fertigen Eier zwischendurch im Backofen oder über Wasserdampf warm halten (dadurch wird das Eigelb natürlich etwas fester).

ZUTATEN

12 Eier
2 l Wasser
¼ l Kräuteressig
10 g Zucker
1 EL Salz
2 Lorbeerblätter
1 TL Nelken
1 TL schwarze Pfefferkörner

Süße Quarkwaffeln

WENN DAS MHD VON EIERN ODER QUARK GESTERN WAR

ZUTATEN

Für ca. 8 Waffeln
1 unbeh. Zitrone
60 g Butter
150 g Quark
3 EL Zucker
⅛ l Milch
150 g Mehl
3 Eier
etwas Öl

Die Zitrone waschen und deren Schale reiben.

Die Butter zerlassen.

In einer Schüssel den Quark mit der zerlassenen Butter verrühren, dabei den Zucker hineinrieseln lassen und die Zitronenschale zugeben. Nach und nach abwechselnd die Milch und das Mehl unterrühren.

Die Eier trennen. Das Eigelb in die Masse rühren. Das Eiweiß sehr steif schlagen und ebenfalls unter den Teig heben.

Das Waffeleisen einölen und goldbraune Waffeln backen.

Grüne Kräuterwaffeln

... EINE PRIMA EIERVERWERTUNG – UND SO VARIABEL!

ZUTATEN

**Grundrezept Waffeln
(10 Stück)**
4 Eier
200 g Butter
300 g Mehl
2 TL Backpulver
⅛ l Mineralwasser

Die »Kräuter-Variable«
½ Zwiebel
insg. 4 TL (gem.)
frische Kräuter
(Petersilie/Dill/
Liebstöckel/Melisse/
Rosmarin/Thymian)
Salz
Pfeffer aus der Mühle

Die Eier trennen. Das Eigelb mit der Butter schaumig rühren. Mehl und Backpulver untermischen und das Mineralwasser nach und nach unterrühren.

Die halbe Zwiebel schälen und sehr fein hacken. Die Kräuter waschen, trocken tupfen und fein schneiden. Zwiebelwürfel und Kräuter unter den Teig ziehen.

Das Eiweiß steif schlagen und unter die Masse heben.

Das Waffeleisen aufheizen und grünbraune Waffeln backen.

TIPP:
Variieren kann man die Waffeln mit etwas geriebenem Hartkäse und/oder Salamiwürfeln und/oder klein geschnittenen, in Öl eingelegten getrockneten Tomaten.

GRÜNE KRÄUTERWAFFELN

SPECKEIER IN SENFSAUCE

Speckeier in Senfsauce

HART GEKOCHTE (OSTER-/FASTENZEIT-)EIER VERWERTEN

Wenn einem nach Fastenzeit oder Ostern die vielen hart gekochten Eier, die meist übrig bleiben, »pur« einfach nicht mehr schmecken wollen, muss schnell eine neue Idee her. Voilà!

Den Lauch waschen, putzen und in feine Streifen schneiden. 1 EL Butter in eine heiße Pfanne geben und den Lauch darin circa 5 Minuten andünsten. Herausnehmen und warm stellen.

Die restliche Butter schmelzen und darin das Mehl anschwitzen. Die Brühe unter Rühren angießen und die Sauce 10 Minuten lang köcheln lassen. Dann den Senf und die Sahne einrühren. Mit Salz, Pfeffer sowie etwas Zucker abschmecken und die Sauce warm stellen/halten.

Die Eier jeweils mit einer Scheibe Speck umwickeln und diese mit einem Zahnstocher fixieren.

In einer Pfanne das Öl erhitzen und die Speckeier bei mittlerer Hitze rundherum anbraten. Die Eier in die Senfsauce legen, die gedünsteten Lauchringe darüber verteilen – guten Appetit!

Dazu schmecken Kartoffeln.

ZUTATEN

1 Stange Lauch
4 EL Butter
2 TL Weizenmehl
250 ml Gemüsebrühe
2 EL scharfer Senf
4 EL Sahne
Salz
Pfeffer aus der Mühle
1 Pr. Zucker
8 hart gekochte Eier
8 Scheiben Frühstücksspeck/durchwachsener Schinkenspeck
2 EL Öl

Sabayon mit Weißwein

AUS ÜBERZÄHLIGEM EIGELB WIRD EIN HIMMLISCHES DESSERT

Die Zitrone waschen, abtrocknen und deren Schale direkt hineinreiben in eine große Metallrührschüssel. Das Eigelb sowie den Zucker zugeben und mit dem Schneebesen cremig schlagen.

Wasser zum Kochen bringen und die Rührschüssel über den Wasserdampf hängen. Dann langsam unter Rühren nach und nach den Wein zugießen und die Masse so lange weiterschlagen, bis sie dicklich-schaumig geworden ist und ihr Volumen sich in etwa verdoppelt hat.

Wichtig fürs Gelingen: kräftig schlagen, und zwar von Hand mit einem Schneebesen. Wenn das Sabayon genügend voluminös ist und das Handgelenk streikt, dann vom Wasserbad nehmen und langsam weiterschlagen, bis die Creme nur noch lauwarm ist.

In Dessertgläser füllen und vor dem Servieren mit etwas Zimt bestreuen.

Ein wahrhaft himmlischer Genuss – ob pur oder über Vanille-/Schokoladeneis.

ZUTATEN

1 unbeh. Zitrone
4 Eigelb
100 g Zucker
200 ml Weißwein
1 Msp. Zimt

Getreide – vom Gras zur Kulturpflanze

Getreide ist weltweit seit Jahrtausenden das Grundnahrungsmittel für Menschen und Haustiere. Die heute angebauten Arten haben mit den Süßgräsern von ehedem jedoch wenig gemein.

Botanisch versteht man unter »Getreide« eine Gruppe von Gräserpflanzen, die einsamige Früchte tragen. Diese Früchte werden als »Körner« bezeichnet. Der Begriff selbst ist hergeleitet vom alt-/mittelhochdeutschen Wort gitregidi/getregede, was so viel bedeutet wie: Besitz; (Boden-)Ertrag; das, was (von der Erde) getragen wird.

Etwa vor 10000 Jahren begann der Mensch Getreide anzubauen. Aus nomadisierenden Jägern und Sammlern wurden so im Zuge von Ackerbau und Viehzucht langsam sesshafte Menschen, die sich von Fleisch und essbaren Pflanzenteilen ernährten. Und in jeder Kultur entstand dabei ein spezifischer, an die Region angepasster Getreideanbau: überwiegend Reis in Asien, Mais in Amerika, Hirse in Afrika, Weizen bei den Römern sowie Roggen und Gerste bei den nordischen Völkern. Das Ursprungsland des Getreides liegt im Nahen Osten, das heißt Getreide ist eigentlich keine in Europa beheimatete Frucht.

Sieben Hauptgattungen umfasst die Getreidefamilie. Mais, Weizen und Reis unterschiedlichster Sorten werden am meisten angebaut, diese drei ernähren den Großteil der Weltbevölkerung. Mit Roggen, Gerste, Hafer und Hirse gehören noch vier weitere Getreide zur Familie der Süßgräser – zusammen machen sie allerdings nur etwa 10 Prozent der Weltgetreideproduktion aus.

KLEINES WEIZEN-1X1

Einkorn ist zusammen mit Emmer die älteste kultivierte Getreideart. Sie sind die genetische Urform des Weizens und finden heute hauptsächlich im Biobereich ihre Anwendung.

Dinkel entstand wahrscheinlich aus einer Mutation von Hartweizen und Einkorn.

Grünkern wiederum heißt der unreif geerntete – und somit noch grüne –, getrocknete Dinkel. Zum Einsatz kommt Grünkern hauptsächlich in der Vollwertküche.

Kamut (»Seele der Erde«) ist ein sehr nährstoffreicher, großkörniger vermutlich aus Ägypten stammender Vorfahr des Hartweizens. Wie Einkorn und Emmer bekommt man Kamut in Reformhäusern und Naturkostläden.

Weichweizen oder Saatweizen hat im Unterschied zum Hartweizen ein viel weicheres, mehligeres Korn und wird zur Herstellung von Brot, Backwaren, Malz, Futtermittel und Stärkegewinnung eingesetzt.

Hartweizen wird hauptsächlich als Wintergetreide angebaut. Der sehr kleberreiche Hartweizengrieß ist besonders geeignet für die Herstellung von Teigwaren.

DER VIELFÄLTIGE REIS

Fast auf der ganzen Welt wird das wichtige Grundnahrungsmittel angebaut, in nördlichen Gefilden ist es dem Wasser liebenden Reis allerdings schlichtweg zu kalt – in Italien und Spanien hält er es gerade noch aus.

Reis ist eine einjährige Pflanze und muss jedes Jahr neu gesetzt werden. Das Korn wächst auf Halmen. Der bei uns so beliebte aromatische Wildreis gehört botanisch gesehen hingegen nicht zur Gattung Reis, er ist ein Grasgewächs.

Bei den vielen Reissorten – es gibt weltweit über 100000! – wird unterschieden zwischen Langkornreis und Rundkornreis. Des Weiteren differenziert man in ungeschälten und geschälten – somit meist weißen – Reis. Hier eine kleine Übersicht der für unsere Küche wichtigsten Reissorten:

Der Aborio-Reis hat runde Körner und ist speziell für Risotto geeignet.

Der duftende langkörnige Basmati-Reis macht sich fantastisch zu asiatischen und orientalischen Gerichten.

Der vitamin- und mineralstoffreichere Naturreis (oder Vollkornreis) wird nicht geschält, sondern nur von den Spelzen befreit, während Keimling und Silberhäutchen erhalten bleiben. Der schwarze Naturreis, über Japan nach Italien gewandert, ist edel und nussig im Geschmack und ziemlich fest im Korn – zu Fisch und Meeresfrüchten ein Highlight! Der bekannteste rote Naturreisvertreter ist der Camargue-Reis; er hat ein härteres Korn und somit deutlich Biss.

Der bei uns so beliebte Milchreis sowie viele süße Leckereien werden aus geschältem Rundkornreis gekocht.

Der Verbraucher kann beim Kauf wählen zwischen verschiedenen Qualitätsstufen: Premium-/Spitzenqualität enthält maximal fünf Prozent Bruchreis, Standardqualität bereits bis zu 15 Prozent und Haushaltsqualität abgestuft entweder höchstens 25 Prozent oder maximal 40 Prozent Bruchreis.

Die Stufen beziehen sich dabei lediglich auf die Eigenschaften des Reises bei der Zubereitung der Speisen – Nährstoffgehalt und Geschmack sind innerhalb der jeweiligen Sorte hingegen gleich, egal, ob gebrochen oder ungebrochen. Welche Art jeweils infrage kommt, das entscheidet man am besten nach Art des Gerichtes, aber auch nach der persönlichen »Konsistenzvorliebe«. Als Richtschnur kann gelten: Gegarter Bruchreis nimmt Soßen besser auf und Aromen intensiver an als Ganzkornreis, will man sehr körnig-lockeren Gabelreis, kocht man eher Spitzen-/Premiumreis.

Pseudogetreide – ungeeignet zum Backen

Obwohl Buchweizen, Quinoa und Amaranth oft als Getreide angeboten werden, handelt es sich botanisch gesehen um Pseudogetreide, das kein Klebereiweiß (Gluten) besitzt. Zum Brotbacken sind diese Mehle somit nicht geeignet, aber wertvoll bei Glutenunverträglichkeiten wie Zöliakie.

Selbst gebackenes Baguette

... SO LECKER WIE IN FRANKREICH

ZUTATEN
Grundrezept
500 g Weizenmehl
(Type 550)
2 TL Salz
30 g frische Hefe /
1 Pck. Trockenhefe
250 ml Milch

Resteverwertung
Salami
Oliven
eingelegte getr.
Tomaten
geh. Kräuter

Alle Zutaten sollten Zimmertemperatur haben, damit der Teig schön aufgeht.

Mehl und Salz in einer großen Schüssel mischen. Frische Hefe löst man zunächst in der Milch auf, bevor das Gemisch nach und nach zum Mehl gegeben und damit gleichmäßig verrührt wird. Die Trockenhefe kann man ohne Anrühren übers Mehl streuen und damit vermischen; im Anschluss wird die Milch portionsweise ergänzt und alles miteinander verrührt.

Die Masse nun mit den Knethaken des Handmixers gut durcharbeiten und anschließend noch mit den Händen fleißig kneten, bis ein geschmeidiger Teig entstanden ist. Falls die Flüssigkeit nicht ausreicht, der Teig noch allzu krümelig-mehlig wirkt, kann man noch etwas Milch ergänzen.

Den Hefeteig an einem warmen Ort mindestens 45 Minuten zugedeckt gehen lassen. Er erreicht so etwa das Doppelte an Volumen.

Den Backofen vorheizen auf 200 °C.

Den Teig nochmals durchkneten und daraus zwei längliche Baguettes formen, diese nochmals 15 bis 20 Minuten gehen lassen. Danach die Oberflächen mit dem Messer schräg einritzen und für eine schöne Kruste mit etwas Milch einpinseln.

Die Brote auf Backpapier liegend in den heißen Ofen schieben und circa 30 Minuten lang backen.

VARIATIONEN

Wer es pikanter mag und ein paar Reste sinnvoll verwerten möchte, der schaut, was der Kühlschrank hergibt. Man kann in den noch nicht gegangenen Teig zum Beispiel kleine Salami-, Oliven- und/oder eingelegte, getrocknete Tomatenstücke, aber auch gehackte Kräuter einarbeiten. Mit etwas Kreativität und Mut zum Ausprobieren ergeben sich so immer neue Variationen.

Sauerteig-Hefe-Brot

Das Allerwichtigste beim Brotbacken: Man sollte sich genügend Zeit nehmen und das langsame Werden des »archaischen Kulturgutes« Brot genießen.

Sämtliche Mehlsorten, die Hefe, das Sauerteigpulver und das Salz in einer großen Schüssel mit 600 ml lauwarmem Wasser langsam mit den Knethaken des Handmixers durchkneten. Dabei gegebenenfalls die Kräuter und/oder Gewürze ergänzen.

Den Teig aus der Schüssel nehmen und mit bemehlten Händen auf einer mit Mehl bestäubten Arbeitsfläche nochmals gut durchkneten. Zurück in die Schüssel legen und abgedeckt 30 Minuten lang an einem warmen Ort gehen lassen.

Nun die Masse in zwei Teile dividieren. Nochmals auf einer bemehlten Fläche für 45 Minuten gehen lassen.

In der Zwischenzeit den Backofen auf 225 °C vorheizen.

Ein Backblech mit Backpapier auslegen. Darauf – mit bemehlten Händen – die zwei Teigbatzen platzieren und zu runden Laiben formen. Diese mit dem Messerrücken einkerben, in den heißen Ofen schieben und für 15 Minuten backen. Temperatur herunterschalten auf 175 °C und weitere 45 Minuten backen. Für eine schönere Bräunung gibt man eine Tasse kaltes Wasser mit in den Backofen.

ZUTATEN

**Grundrezept
für 2 Brote**

200 g Dinkelmehl
(Type 630)

400 g Weizen-
Vollkornmehl

400 g Weizenmehl
(Type 1050)

2 Pck. Trockenhefe

2 Beutel à
75 g Natursauerteig

4 TL Salz

600 ml lauwarmes
Wasser

nach Geschmack
Kräuter- (wie Petersilie, Giersch) und
Gewürzreste
(wie Kümmel,
Koriander etc.)

etwas Mehl für Hände
und Arbeitsfläche

Vollkorn-Gemüse-Puffer

... HIER IN DER VARIANTE MIT ZWIEBELN

Bei diesem Rezept sind die Variationsmöglichkeiten so zahlreich wie die Gemüsesorten. Feste Größen hingegen sind das Mehl, die Milch und die Eier – ungefähr in der jeweils angegebenen Menge – sowie Kräuter und Gewürze nach Geschmack.

Die Zwiebeln schälen und in feine Streifen schneiden. 2 EL Öl in einer Pfanne erhitzen und die Zwiebeln darin goldgelb anbraten. Mit der Gemüsebrühe ablöschen und Zwiebeln einige Minuten dünsten lassen. Wenn die Flüssigkeit verkocht ist, kräftig würzen.

Die Eier in einer Rührschüssel mit der Milch und dem Vollkornmehl verquirlen, mit etwas Muskat abschmecken. Die gedünsteten Zwiebeln sowie die Sprossen zugeben und die Masse circa 10 Minuten zum Aufquellen stehen lassen.

Den Schnittlauch/Die Frühlingszwiebeln waschen, putzen, in feine Röllchen schneiden und unter den Teig mischen.

3 EL Öl erhitzen und darin portionsweise 8 bis 12 kleine Puffer beidseitig goldgelb ausbacken. Die jeweils fertigen vorübergehend warm stellen.

Die Gemüsepuffer harmonieren bestens mit einem frischen Blattsalat oder auch Obst(kompott) – je nach »Wagemut«.

TIPP:
*Anstelle von Zwiebeln
kann man Sellerie,
Möhren, Kartoffeln oder
Zucchini raspeln.*

ZUTATEN

500 g weiße Zwiebeln

5 EL Öl

100 ml Gemüsebrühe

Salz

Pfeffer aus der Mühle

1 Pr. Cayennepfeffer

1 Pr. Kräutersalz

2 Eier (Gew.-Kl. M)

50 ml Milch

3 EL Weizen-
vollkornmehl

1 Msp. Muskat

6 EL Sprossen
(Soja/gekeimte
Weizenkörner)

1 Bund Schnittlauch/
2 Stängel Frühlings-
zwiebeln

ASIA-WÜRZIGE FLADENBROTE

Quiche

HEISSGELIEBT UND IMMER WIEDER NEU

Eine Quiche eignet sich hervorragend zur Resteverwertung. Während die Teigzutaten stets gleich bleiben, lässt sich die Füllung je nach Vorräten und Geschmack immer wieder abwandeln. Manche Zutaten (wie Weiß- und Rosenkohl) sollten dabei vorab 10 bis 15 Minuten mit etwas Fett und Flüssigkeit vorgegart werden, bei anderen wiederum (wie Lauch- oder Möhrenstreifen, Salamiresten, Räucherlachs, Frischfisch) ist dies nicht nötig. Damit die Quiche beim Aufschneiden nicht auseinanderfällt, erhält sie – bevor man sie zum Garen in den Backofen schiebt – immer einen Guss aus einigen Eiern, einem Milchprodukt (Sahne, Milch, Sauerrahm et cetera), Gewürzen und, je nach den übrigen Zutaten, geriebenem Hartkäse.

UND SO WIRD'S GEMACHT

Aus dem Mehl, dem Wasser, der klein geschnittenen Butter und dem Rahm einen glatten Teig zubereiten. Diesen in Alu-/Klarsichtfolie einschlagen und für etwa 20 Minuten in den Kühlschrank legen.

Den Backofen auf 175 °C vorheizen.

Den Weißkohl vom Strunk befreien, den Blattsalat waschen und putzen, die Zwiebel schälen. Das Gemüse klein schneiden und in einer großen Pfanne in etwas Öl andünsten, salzen und pfeffern. Mit dem Weißwein ablöschen und bissfest garen.

Den Hartkäse reiben. Den Sauerrahm mit den Eiern und dem Käse verquirlen, mit Muskat sowie Salz und Pfeffer abschmecken.

Den gekühlten Teig auf dem Boden einer Springform ausrollen, dabei einen Rand von einigen Zentimetern hochziehen. Die Gemüsemischung in der Form verteilen und den Eierguss darübergeben.

Die Quiche circa 40 Minuten goldbraun backen.

ZUTATEN

Für den Teig
200 g Mehl
1 EL kaltes Wasser
100 g kalte Butter
2 EL Crème fraîche/
Sauerrahm/Schmand

Füllungsvariante
½ Kohlkopf
½ fester Blattsalat
(Eisberg)
1 Zwiebel
etwas Öl
Salz
Pfeffer aus der Mühle
100 ml Weißwein
200 g Hartkäse
200 g Sauerrahm
4 Eier
1 Pr. frischer Muskat

Asia-würzige Fladenbrote

MEHLRESTE AUFS KÖSTLICHSTE VERWERTET

Das Mehl in eine Schüssel sieben.

Die Zwiebel schälen und fein hacken. Das Koriandergrün waschen, trocken tupfen und ebenfalls fein hacken. Die Chilis waschen und fein schneiden, vorher die Kerne entfernen.

Die so vorbereiteten Zutaten in die Schüssel geben, das Salz sowie 2 EL Öl zufügen und mit circa 100 ml warmem Wasser zu einem festen, kaum noch klebenden Teig kneten. Dafür sollte man sich 5 Minuten Zeit nehmen. Bei nicht stimmiger Teigkonsistenz noch etwas mehr Wasser oder aber ein wenig zusätzliches Mehl unterkneten. Im Anschluss gute 5 Minuten ruhen lassen.

Die Teigmenge in 8 Portionen teilen und diese zu Kugeln formen. Letztere auf einer bemehlten Arbeitsfläche zu Kreisen von circa 8 cm Durchmesser ausrollen.

Eine Bratpfanne ohne Fett erhitzen und einen Teigkreis hineinlegen. Wenn die Unterseite des Fladens goldbraun ist, dessen Oberseite gut mit Öl bestreichen und den Fladen wenden. Danach sofort die bereits gebräunte Seite mit Öl bepinseln. Das Fladenbrot so oft wenden, bis beide Seiten gleichmäßig braun sind. Ebenso mit den übrigen Teigstücken verfahren.

Dieses Fladenbrot schmeckt ausnehmend asiatisch-frisch und passt gut zu Kräuterquark.

ZUTATEN

300 g Mehl (Weizen-
vollkorn/Dinkel/
gemischt)
1 gr. Zwiebel
1 Handvoll frischen
Korianders
2 frische grüne
Chilischoten
2 Pr. Salz
6 EL Öl
(hoch erhitzbar)

Herzhafte (vegetarische) Palatschinken

PFANNKUCHEN MIT RESTEALLERLEI

ZUTATEN

Teig für 8 Pfannkuchen

4 Eier (Gew.-Kl. M)

250 g Mehl (Type 1050)

400 ml Milch (1,5 % Fett)

100 ml Mineralwasser

4 TL Öl

Füllung & Belag

4 Knoblauchzehen

100 g Butter

150 g Schmand/ Crème fraîche

2 Paprika

Salz

Pfeffer aus der Mühle

1 EL Butter

4 Tomaten

2 EL Essig

1 TL Senf

1 Pr. Zucker

4 EL Öl

150 g Hartkäse

etwas Schnittlauch/ Frühlingszwiebel/ Petersilie

Pfannkuchen eignen sich bestens für die kreative Verwertung diverser Reste. Entweder gibt man Letztere schon beim Backen direkt in den Teig oder man verarbeitet sie separat als Füllung.

Mögliche Zutaten: klein geschnittene Würstchen, Fleischwurst, Hackfleischbällchen, zerkleinerter Hartkäse, Gemüsewürfel, getrocknete, eingelegte Tomaten, Oliven, Kräuter – was der Kühlschrank an Resten und/oder Vorräten so hergibt. Ob vegetarisch oder opulent mit Fleisch, Pfannkuchen lassen sich immer wieder neu erfinden.

Separate Füllungen brät man kurz in der Pfanne an – gern mit Knoblauch- oder Zwiebelwürfeln –, würzt nach Bedarf und bindet das Ganze mit Schmand oder Crème fraîche.

Für den Teig mit einem Schneebesen die Eier mit dem Mehl, der Milch und dem Wasser so lange verrühren, bis keine Klümpchen mehr da sind.

Den Teig gut 15 Minuten stehen lassen, damit er nachdickt.

In einer heißen, beschichteten Pfanne mit etwas Öl nach und nach goldbraune Pfannkuchen ausbacken.

Für die Füllung die Knoblauchzehen schälen und klein schneiden. In einer Pfanne die Butter schmelzen. Die Knoblauchwürfel darin bei mittlerer Hitze für 3 bis 4 Minuten braten (aber nicht braun werden lassen!). In eine Schüssel geben, etwas abkühlen lassen und mit dem Schmand verrühren.

Die Paprika waschen, halbieren und das Innere samt Kernen entfernen. Zu Julienne schneiden, das heißt zu kleinen Würfeln.

Auf die warmen Palatschinken den Knoblauch-Butter-Schmand streichen, darauf die Paprikawürfel verteilen, mit Salz und Pfeffer würzen und die Pfannkuchen so zusammenrollen, dass an den Enden nichts herausquillt. In eine mit etwas Butter eingefettete feuerfeste Form legen.

Den Backofen auf 175 °C vorheizen.

Die Tomaten waschen, entkernen und würfeln.

Aus Essig, Senf, Zucker, Salz und Öl eine Vinaigrette rühren, die Tomatenstücke untermischen und anschließend auf den Palatschinken verteilen. In den Backofen schieben und für 15 Minuten garen. Nach dieser Zeit mit Käse bestreuen und weitere 5 Minuten überbacken.

Dazu passt frischer Blattsalat.

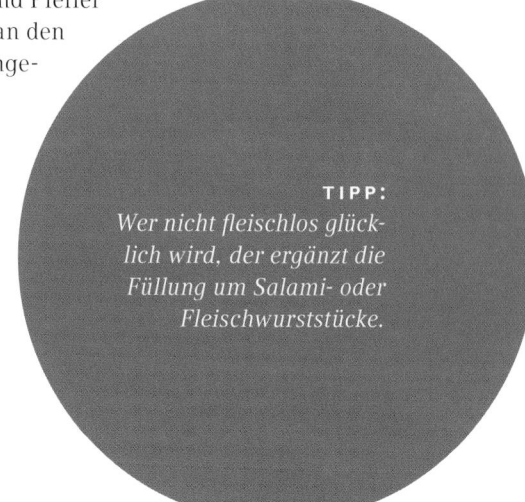

TIPP:
Wer nicht fleischlos glücklich wird, der ergänzt die Füllung um Salami- oder Fleischwurststücke.

HERZHAFTE (VEGETARISCHE) PALATSCHINKEN

Pizza variabile

AUF DIESEM TEIG SCHMECKT EINFACH ALLES

ZUTATEN

**Grundteig
(für 6 Pizzen)**

600 ml lauwarmes
Wasser

10 g frische Hefe

1 kg Pizzamehl

2 TL Salz

etwas Mehl

Belag für 4 Pizzen

verbindlich:

250 g Mozzarella

1 Dose stückige
(Pizza-)Tomaten

variabel:

3 frische Tomaten

10 Scheiben Salami

12 Sardellenfilets in Öl

12 Schinken-
speckstreifen

12 eingelegte
Artischocken

10 Basilikumblätter

etwas natives Olivenöl

Das warme Wasser in eine Schüssel gießen. Die Hefe mit den Fingern hineinbröseln und dann so lange rühren, bis sich die Hefe völlig aufgelöst hat.

Nach und nach das Mehl zuschütten, das Salz hineinstreuen und die Teigzutaten zunächst mit den Knethaken des Mixers grob vermengen. Die Masse dann aus der Schüssel nehmen und mit den Händen auf einer bemehlten Arbeitsfläche zu einem Batzen verkneten und diesen etwa 10 Minuten gut durchwalken. Den Teigbatzen in die Schüssel zurücklegen und zugedeckt für 1 Stunde gehen lassen.

Nachdem er gegangen ist, den Teig herausnehmen und auf der bemehlten Arbeitsfläche in 6 gleich große Stücke schneiden, danach zu Rollen formen. Letztere lassen sich dann problemlos zu Kugeln verarbeiten; diese in einer bemehlten Schüssel zugedeckt nochmals 1 Stunde gehen lassen.

In der Zwischenzeit den Belag (siehe unten) vorbereiten und den Backofen auf 250 °C vorheizen.

Das nun folgende Herstellen eines dünnen Fladens braucht etwas Geduld, da der Teig anfangs die Tendenz hat, immer wieder »zusammenzuschnurren«. Dieses Problem löst man, indem man ihn zwischendurch erneut einige Minuten ruhen lässt und erst danach weitermacht.

Es gibt dabei mehrere Methoden:

Man kann die Teigkugel auf der bemehlten Arbeitsfläche von innen nach außen mit den Handballen zu einer dünnen, runden Pizza drücken; der Rand darf dabei ruhig etwas dicker bleiben.

Die Profi-Pizzabäcker-Methode – die geübt sein will! – sieht so aus: Die Kugel etwas platt drücken und dann die Teigscheibe zwischen den bemehlten Handflächen kreiseln lassen, dabei mit den Fingern der anderen Hand immer dünner ausziehen; das ergibt einen schönen Rand, der kross gebacken besonders lecker schmeckt.

Den Fladen auf einem bemehlten oder mit Backpapier ausgelegten Backblech platzieren, darauf den gewünschten Belag verteilen und die Pizza insgesamt circa 10 Minuten im vorgeheizten Ofen backen.

TIPP:
Falls man keine 6 Pizzen backen möchte, die überzähligen Teigrollen gefriertauglich einschlagen und für eine spätere Verwendung einfrieren.

VARIANTE PIZZA ITALIANO – WAS IMMER DIE KÜCHE HERGIBT

Den Mozzarella abtropfen lassen und in Scheiben schneiden; zunächst beiseitestellen.

Die Teigfladen als Erstes mit den stückigen Tomaten bestreichen.

Die frischen Tomaten waschen, in Scheiben schneiden und auf dem Pizzateig verteilen. Auf Wunsch die übrigen Zutaten in kleinere Stücke zerteilen und die Fladen damit belegen. Die Basilikumblätter sowie der Mozzarella kommen dabei später zum Einsatz.

Die Pizzen im vorgeheizten Backofen bei 250 °C zunächst 5 Minuten backen. Danach herausnehmen, mit dem Mozzarella belegen und für weitere 5 Minuten in den Ofen schieben. Der Käse soll schmelzen, aber nicht braun werden.

Die Pizza vom Blech nehmen, zerteilen und jedes Stück mit etwas Olivenöl beträufeln. Buon appetito!

Die vielseitige Polenta

SCHAFSKÄSE-BRENNNESSEL-VARIANTE

In einer großen Schüssel das Maismehl mit 300 g Joghurt vermischen; circa 15 Minuten zum Quellen beiseitestellen.

Handschuhe als Schutz anziehen und die Brennnesselblätter vom Stiel zupfen und waschen. Die Blätter auf ebenem, glattem Untergrund mit dem Nudelholz flach walzen. Diese Prozedur beseitigt das unangenehm brennende Nesselgift in den feinen Härchen. Danach brennt nichts mehr, weil alle Spitzen gebrochen sind. Im Anschluss die Brennnesselblätter in feine Streifen schneiden.

Nun den Backofen auf 200 °C vorheizen.

Die Zwiebel schälen und in Würfel schneiden; diese in einer heißen Bratpfanne mit circa 1 TL Butter glasig dünsten.

Das Ei unter das aufgequollene Maismehl rühren. Zwiebelwürfel, Schafs- und Frischkäse unterheben sowie zuletzt das Backpulver. Alles sorgfältig miteinander vermischen.

Auf ein dünn eingefettetes Backblech die Hälfte der Polentamasse verteilen und glatt streichen. Die in Streifen geschnittenen Brennnesselblätter darauflegen und mit dem Rest der Masse bedecken.

Die restliche Butter in kleinen Flöckchen auf der Polenta verteilen.

Das Backblech in den Ofen schieben und die Polenta bei 200 °C gut 20 Minuten backen lassen. Wenn der äußere Rand anfängt braun zu werden, die Temperatur etwas reduzieren. Eine goldbraune Oberseite signalisiert, dass die Polenta fertig ist.

Aus dem Backofen nehmen und den restlichen Joghurt auf der Polenta verteilen. Nochmals kurz in den Ofen schieben, damit die Flüssigkeit »stockt«.

ZUTATEN

250 g Maismehl/-grieß (für Polenta)

550 g Joghurt

4 Handvoll Brennnesselblätter

1 mittelgr. Zwiebel

1 Ei (Gew.-Kl. M)

100 g Schafskäse

100 g Frischkäse

1 TL Backpulver

ca. 150 g Butter

VARIATIONEN ÜBER VARIATIONEN!

Polenta ist ein wahrer Verwandlungskünstler und hervorragend geeignet zur Resteverwertung. Welche Zutaten auch immer Küche & Kühlschrank gerade hergeben – einfach kreativ ausprobieren! Wichtig dabei: Die Grundmengen/Gewichtsanteile sollten in etwa analog den oben vorgeschlagenen Zutaten beibehalten werden und die Relation zwischen Mehl und übrigen (feuchten) Zutaten muss stimmen. Des Weiteren darf man auf keinen Fall Ei und Backpulver vergessen! Ansonsten aber kann man mutig loslegen. Die Polenta bietet eben ein rest(e)loses Kochvergnügen!

- *Die Brennnesselblätter können ersetzt werden durch andere feinblättrige Gemüse/Salate/ Wildkräuter wie: Radicchio, Chicorée, Endivien-Salat, Spinat, Lauch, Blätter vom Kohlrabi, Löwenzahn.*
- *Ein Teil des Maismehls lässt sich zum Beispiel austauschen durch Dinkel-, Vollkorn-, Buchweizenmehl.*
- *Statt ausschließlich Joghurt kann man einen bestimmten Gewichtsanteil Quark und/oder Milch verwenden.*
- *Wer keinen Schafskäse mag, ersetzt ihn durch eine andere Käsesorte, die gerade im Kühlschrank ist. Dasselbe gilt für den Frischkäse.*
- *Die Butter kann natürlich auch durch (cholesterinarme) Margarine ersetzt werden.*

GEWÜRZ-RISOTTO

Knödel aus dem Waldviertel

KARTOFFELVERWERTUNG AUF ÖSTERREICHISCH

Für dieses Rezept braucht man insgesamt 1 kg Kartoffeln – möglichst mehlig kochende –, das Mengenverhältnis von gekochten zu rohen Knollen spielt hingegen keine Rolle. Wenn also vom Vortag nur 300 g gekochte Kartoffeln übrig geblieben sind, stockt man auf um 700 g rohe.

Die gekochten (gepellten) Kartoffeln durch die Kartoffelpresse in eine Schüssel drücken oder mit der Gabel zerdrücken.

Die rohen Kartoffeln schälen und mit der groben Seite einer Reibe hinein in eine große Schüssel mit kaltem Wasser reiben. Die Kartoffelraspel mit den Händen herausfischen, gut ausdrücken und zu den gepressten gekochten Kartoffeln geben.

Den Grieß und die Kartoffelstärke ergänzen, salzen und pfeffern. Diese Zutaten zu einem glatten Teig verkneten und daraus kleine Knödel formen.

In einem großen Topf ausreichend Wasser zum Kochen bringen. Die Knödel ins kochende Wasser einlegen, die Temperatur reduzieren und die Klöße 15 bis 20 Minuten sieden lassen.

ZUTATEN

500 g gekochte
(Pell-)Kartoffeln

500 g rohe Kartoffeln

400 g Weizengrieß

2 EL Kartoffelmehl

Salz

Pfeffer aus der Mühle

Gewürz-Risotto

Die Zwiebel schälen und fein würfeln.

In einem hohen Kochtopf 30 g Butter erhitzen und darin den Reis einige Minuten unter Rühren glasig andünsten. Die Zwiebelwürfel zufügen und kurz mitdünsten.

Zunächst die 200 ml Wein/Brühe zugießen und bei niedriger Temperatur im offenen Topf köcheln lassen, dabei regelmäßig umrühren. Wenn der Reis die gesamte Flüssigkeitsmenge aufgesogen hat, nach und nach so viel von der heißen Gemüsebrühe zugießen, wie der Reis aufnehmen kann. Vor der letztmaligen Flüssigkeitszugabe die Safranfäden in dem Rest Brühe auflösen. Dabei das Rühren nicht vergessen!

Nach ungefähr 25 Minuten ist das Risotto fertig (der Reis sollte noch den typischen leichten Biss haben). Mit Pfeffer und eventuell Salz abschmecken.

In einer Pfanne die restliche Butter aufschäumen und die Gewürze sich darin kurz entfalten lassen. Vor dem Servieren über den Reis geben.

Das duftet und schmeckt!

ZUTATEN

Grundrezept Risotto

1 Zwiebel

100 g Butter

200 g Risotto-Reis

200 ml Weißwein
(oder Brühe + 1 EL
Zitronensaft)

400 ml heiße
Gemüsebrühe

Pfeffer aus der Mühle

Salz

**Die »Gewürz-Variable«
(siehe Tipp)**

3 Kardamomkapseln

1 TL Korianderkörner

2 Stück Macis
(Muskatblüte)

3 Nelken

3 Pimentkörner

1 Pr. Safranfäden

1 Sternanis

¼ Zimtstange

TIPP:
Da es sich bei den aufgezählten Gewürzen um ungemahlene handelt, die man nicht zerbeißt, kann man unbesorgt die dort genannten Mengen verwenden. Wer allerdings nicht all diese Sorten vorrätig hat, lässt einfach ein, zwei weg.

Milch – und was daraus werden kann

Unter »Milch« verstehen wir Verbraucher landläufig vor allem Kuhmilch – und im Handel darf dieser Begriff EU-weit tatsächlich nur für Milch von Kühen verwendet werden. Handelt es sich hingegen um Milch von anderen Tierarten (wie zum Beispiel Ziegen- oder Stutenmilch), muss das extra angegeben sein. So lauten die Bestimmungen.

Was nun ist Milch genau? Sie besteht hauptsächlich aus Wasser, Kohlenhydraten, Fett, Eiweiß, Vitaminen und ein paar Spurenelementen. Wir unterscheiden Rohmilch, Vorzugsmilch (beide unbehandelt), Vollmilch, fettarme Milch, Magermilch (alle drei wärmebehandelte Frischmilch) und H-Milch (ultrahocherhitzt und damit ungeöffnet sehr lange haltbar). Mit 10 bis 20 Prozent Vitaminverlust durch die Wärmebehandlung muss man dabei rechnen. Soweit die nüchternen Fakten. Das wirklich Faszinierende an der Milch ist jedoch ihre ungeheure Vielfalt in der Verwendung. Ein kleiner »chronologischer« Abriss:

Lässt man Milch länger stehen, setzt sich an der Oberfläche der Rahm ab, woraus die uns vertraute Sahne gewonnen wird. Wird Milch hingegen homogenisiert (die Größe der Fetttröpfchen wird unter hohem Druck verkleinert, sodass eine homogenere, also gleichmäßigere, Flüssigkeit entsteht), setzt sich kaum noch Rahm ab.

Die Sahne, die mindestens 30 Prozent Fett und viel Kalzium, Vitamin A und Cholesterin aufweist, lässt sich zu Butter weiterverarbeiten. Diese wiederum unterliegt ebenfalls strengen EU-Vorschriften.

Buttermilch entsteht als Nebenprodukt der Butterherstellung. Dabei werden Bakterienkulturen zugesetzt.

Aus der Sahne wird durch Zusetzen von Milchsäurebakterien saure Sahne, die in verschiedenen Varianten auf den Markt kommt, als Schmand, oder Crème fraîche, unterschieden nur durch den Fettgehalt.

Joghurt entsteht ebenfalls durch Zufügen verschiedener Milchsäurebakterien. Hier ist das angebotene Spektrum sehr groß.

Erwähnung finden sollte darüber hinaus die lactosefreie (von Milchzucker befreite) Milch für Menschen, die an einer Milchzuckerunverträglichkeit leiden. Hier hat sich in den letzten Jahren viel getan, das Angebot an Milch, Joghurt und Käse ist mittlerweile sehr vielfältig.

Die nächste Stufe ist dann bereits der Käse. Er wird aus Frischmilch oder einem Sauermilchprodukt hergestellt – für uns Verbraucher ein wichtiges tierisches Lebensmittel.

Der »jüngste« Käse ist der Quark. Dieser Frischkäse entsteht aus teilentrahmter, pasteurisierter Milch, der Lab oder Bakterienkulturen zugesetzt werden. Quark (und die Variante Schichtkäse) gibt es wiederum in verschiedenen Fettstufen, je cremiger, umso fetthaltiger.

Impft man also die Milch mit Lab oder Mikroorganismen, erhält man einen Bruch, der uns als (Doppelrahm-)Frischkäse und auch Hüttenkäse (Cottage Cheese), Mascarpone, Ricotta und Mozzarella gut schmeckt.

Der Bruch wiederum wird zu einem Käselaib geformt, der – je nach gewünschtem Endprodukt – teils gepresst, mit Schimmelkulturen versetzt und dann in Salzlake gebadet wird, um danach unterschiedlich lange zu reifen. Als frühe Stufe entsteht so Weichkäse (wie Camembert, Brie, Gorgonzola), es folgen Schnitt- (wie Gouda, Tilsiter) und Hartkäse (wie Emmentaler, Bergkäse, Parmesan).

SELBST GESCHÖPFTE BUTTER

Welche Milchsorten kauft man wo?

Bis auf die unbehandelte und damit auch vitaminreichere Rohmilch, die nur beim Erzeuger (in der Schweiz auch in Käsereien) erhältlich ist, bekommt der Verbraucher alle übrigen Milchsorten – sogar die nicht wärmebehandelte Vorzugsmilch – im Lebensmittelhandel.

Selbst geschöpfte Butter

... AUS ALLZU ÜPPIGEN SAHNEVORRÄTEN

Wenn das Auge mal wieder größer war als die Kochsessions am Wochenende – was tun zu Wochenbeginn mit all der übrig gebliebenen Sahne? Ganz einfach: daraus Butter machen!

ZUTATEN

ca. 400 g Sahne

Die Sahne in eine Rührschüssel gießen; ein Küchenhandtuch bereithalten.

Nun mit dem elektrischen Handrührgerät die Sahne zunächst so lange schlagen, bis sie »umkippt«, das heißt, bis sie den auf »normal fest« geschlagene Sahne als Nächstes folgenden Zustand erreicht hat. Es bilden sich kleine Butterflocken, die sich von der entstehenden wässrigen Lösung trennen.

Vorsicht, es spritzt! Dagegen hilft das über Hand und Schüssel gelegte Küchenhandtuch.

Mit dem Mixer weiterrühren, bis deutlich von der wässrigen Flüssigkeit getrennte Butterklümpchen entstehen. Entweder die Butterstückchen abschöpfen oder aber den gesamten Topfinhalt vorsichtig durch ein Sieb gießen.

Die Butter abtropfen lassen. Dann mit den Händen so lange zusammendrücken, bis keine Flüssigkeit mehr austritt, und anschließend in die gewünschte Form bringen. In Pergament- oder Butterpapier einrollen.

Die selbst geschöpfte Butter wird fast genauso hart wie industriell erzeugte, geschmacklich weicht sie leicht ab.

TIPP:
Kräuterbutter: 3 EL selbst erzeugte Butter, 1 EL frisch gehackte Kräuter, 1 gehackte Knoblauchzehe, 1 TL Salz gut vermischen. Zunächst in kleine Silikon-/Eiswürfelförmchen pressen und kalt stellen. Dann die Butter wieder herauslösen und einfrieren.

Blumenkohl-Sahne-Suppe mit Croutons

EINFACH, ABER PFIFFIG

ZUTATEN

1 Zwiebel
½ Stange Lauch
1 Möhre
¼ Sellerieknolle
50 g geräucherter
Schinkenspeck/Katen-
schinken (am Stück)
½ TL weiße
Pfefferkörner
1 Lorbeerblatt
Salz
1 gegarter Blumen-
kohlstrunk und
einige -röschen
2 Stängel Petersilie/
1 Stängel Liebstöckel
1 Scheibe Toastbrot
1 EL Öl
2 EL Butter
2 EL Mehl
100 g Schlagsahne
Pfeffer aus der Mühle
etwas Muskat

Oft bleiben vom Blumenkohlgemüse der ungeliebte Strunk übrig und vielleicht ein paar Rös-chen – das ergibt zusammen mit anderen Gemüseresten eine feine Suppe.

Die Zwiebel schälen und würfeln. Den Lauch putzen und in feine Ringe schneiden. Die Möhre und den Sellerie ebenfalls putzen und klein schneiden.

Das so vorbereitete Gemüse und den Schinkenspeck mitsamt den Pfefferkörnern, dem Lorbeerblatt sowie etwas Salz in einem Kochtopf mit circa 1 l Wasser zum Kochen bringen und etwa 25 Minuten zugedeckt köcheln lassen. In den letzten 5 Minuten den Blumenkohl-strunk und die Röschen zufügen.

Nach Ende der Garzeit den Schinkenspeck herausfischen, etwas abkühlen lassen und dann in feine Streifen schneiden; zunächst beiseitestellen.

Den Topfinhalt durch ein Sieb abgießen, dabei die Brühe auffangen. (Wer möchte, kann das weiche Gemüse mit einem Löffel ein wenig durchs Sieb streichen; die faserigen Reste werden in jedem Fall entsorgt.)

Den/Die Kräuterstängel   entweder Petersilie oder Liebstöckel – waschen und in feine Streifen schneiden.

Die Toastbrotscheibe in kleine Würfel schneiden und in einer heißen Pfanne in etwas Öl kurz anrösten; beiseitestellen.

In einem Kochtopf die Butter zerlassen, erhitzen und darin das Mehl hell anschwitzen. Mit ein wenig Brühe ablöschen und die Mehlschwitze klumpenfrei verrühren. Die restliche Bouillon sowie die Sahne zugießen und die Suppe einmal aufkochen lassen. Mit Salz, Pfeffer und Muskat abschmecken.

Die Suppe servieren mit einem Topping aus gehackter Petersilie, Toastbrotwürfeln und Schinkenstreifen.

Süßer Quarkauflauf

AUCH UNANSEHNLICHERE PFIRSICHE MACHEN HIER EINE GUTE FIGUR

ZUTATEN

4–6 Pfirsiche
Saft v. ½ Zitrone
4 Eier
125 g Zucker
1 Pck. Vanillezucker
1 Pr. Salz
75 g Hartweizengrieß
500 g Quark
125 g Crème fraîche
1–2 EL Butter
40 g Mandelblättchen
etwas Puderzucker

Die Pfirsiche waschen, schälen, halbieren und den Kern herauslösen. Die allzu schlechten Stellen entfernen und den Rest in Stücke schneiden. Das Fruchtfleisch mit dem Zitronensaft beträufeln und kühl stellen.

Die Eier in Eigelb und Eiweiß trennen. Die Eigelbe mit dem Zucker, dem Vanillezucker und etwas Salz schaumig schlagen. Den Grieß, den Quark und die Crème fraîche unterheben. Das Eiweiß sehr steif schlagen und nach und nach unter die Quarkmasse ziehen.

Den Backofen auf 175 °C vorheizen.

Eine Auflaufform – oder vier ofenfeste Portionsförmchen – mit der Butter einfetten, die Pfirsichstücke gleichmäßig verteilt hineinlegen und darauf die Quarkmasse verteilen. In den Ofen schieben und circa 35 Minuten backen.

Die Mandelblättchen in einer kleinen Pfanne ohne Fett anbräunen. Vor dem Servieren den Quarkauflauf mit etwas Puderzucker und den Mandelblättchen bestreuen.

Joghurtwaffeln

EIN EINSAMER JOGHURT KOMMT ZU NEUEN EHREN

Die Eier trennen.

Die Butter mit dem Zucker und dem Eigelb schaumig schlagen. Abwechselnd Joghurt und Mehl zufügen, jeweils gut verrühren.

Das Eiweiß mit etwas Salz sehr steif schlagen und vorsichtig unter den Teig heben.

Portionsweise im vorgeheizten, leicht eingeölten Waffeleisen goldgelbe Waffeln ausbacken.

Dazu mundet ein frischer Obstsalat (Rezept Seite 80).

ZUTATEN

Für ca. 8 Waffeln
4 Eier
125 g Butter
1 EL Zucker
150 g Joghurt
250 g Mehl
1 Pr. Salz
etwas Öl

Sauce Normande (Sahnesauce mit Varianten)

BESTENS GEEIGNET, UM VIELERLEI RESTE AUFZUWERTEN

DIE SAUCENBASIS ...

Die Schlagsahne mit dem Eigelb in einer fürs Wasserbad geeigneten Schüssel verrühren.

In einer Kasserolle Wasser erhitzen. Die Schüssel mit der Sahne-Eier-Mischung über das Wasserbad hängen und den Topfinhalt so lange mit dem Schneebesen schlagen, bis eine gebundene, cremige Sauce entsteht. Diese mit dem Alkohol sowie Salz und Pfeffer abschmecken.

Zum Schluss – noch auf dem Wasserbad – die gewürfelte kalte Butter portionsweise in die Sauce rühren. Danach sofort aus dem Wasserbad nehmen.

Diese Saucenvariante passt ausgezeichnet zu Gemüse- und zu Fischresten.

TIPP:
Weitere Experimentiervorschläge: Sardellenpaste, gehackte Kapern, etwas Fond, geriebener Meerrettich ...

... KÖSTLICH ABGEWANDELT

Bei den Saucenvarianten rührt man die angegebenen Zutaten zum Schluss – nachdem die Butter untergeschlagen wurde – zusätzlich unter die Sauce Normande.

Variante 1 verschafft Bratenresten einen schmackhaften Neuauftritt.

Variante 2 verhilft einem übrig gebliebenen gebackenen Hähnchenschenkel – der zuvor aufgewärmt wurde – zu einem schmackhaften Comeback.

ZUTATEN

Grundrezept
200 g Schlagsahne
3 Eigelb
2 TL Cognac/Calvados
Salz
Pfeffer aus der Mühle
100 g sehr kalte Butter in Würfeln

Variante 1
zusätzlich
1 EL Tomatenpüree
1 TL Rosenpaprika

Variante 2
zusätzlich
1 klein geh. Knoblauchzehe
2 EL frisch geh. Kräuter

Käse richtig gelagert

Käse muss atmen können, deshalb nie luftdicht verschließen. Geeignet zum Einschlagen sind (perforierte) Frischhaltefolie, Pergament- und Butterbrotpapier sowie das Originalpapier vom Käsehändler. Gut aufbewahren lässt Käse sich in einer Kunststoffbox mit Deckel; gegen sich bildendes Schwitzwasser legt man eine Schicht Haushaltspapier auf den Boden der Box, das man alle paar Tage austauscht. Darunter noch eine Schicht Salz – und schon hat Schwitzwasser kaum noch Chancen. Auch eine Handvoll Nudeln oder Reiskörner sorgen für Trockenheit.

Mozzarella-Pfifferling-Gratin

... DENN VOM 1-KILO-KORB BLEIBEN STETS PILZE ÜBRIG

ZUTATEN
300–400 g Pfifferlinge
2 Schalotten
1 EL Öl
2 EL Butter
Salz
Pfeffer aus der Mühle
4 Salbeiblätter
2 Stiele Thymian
1 Stiel Zitronenmelisse
150 g Crème fraîche
125 g Mozzarella-Kugeln

Die Pilze putzen (hilfreich dabei: ein Pinsel), aber nicht waschen.

Die Schalotten schälen und würfeln.

In einer Pfanne das Öl erhitzen und darin die Schalotten andünsten. Die Pfifferlinge zugeben und anbraten. 1 EL Butter zufügen und mit Salz und Pfeffer würzen, beiseitestellen.

Nun entweder den Backofengrill einschalten oder circa 250 °C Oberhitze.

Eine feuerfeste Auflaufform mit 1 EL Butter einfetten.

Die Kräuter waschen, trocken tupfen; die Blätter von Salbei und Melisse klein schneiden, die Thymianblätter abzupfen.

In einer Schüssel die Kräuter mit der Crème fraîche und den Mozzarella-Kugeln mischen. Die Pfifferlinge unterheben und alles in die Auflaufform geben.

Im Backofen auf mittlerer Schiene so lange überbacken, bis der Käse zerlaufen und leicht gebräunt ist. Das dauert 8 bis 10 Minuten.

Dazu passen Toast oder Baguette und auch ein grüner Blattsalat.

TIPP:
Die Pilzsaison offeriert viele weitere Speisepilzarten – meist gut geeignete Alternativen zu den Pfifferlingen.

Spätzle & Käs'-Spatzen

... DIE BASIS & KÖSTLICHSTE RESTEVARIATIONEN

Je nach Landstrich nennt man diese beliebte Beilage – die wegen ihrer rauen Oberfläche bestens dazu geeignet ist, Sauce aufzunehmen – auch Spatzen, Spätzli, Knepfli, Chnöpfli oder Nockerl.

DIE SPÄTZLE BEREITEN

Das Mehl in eine Schüssel geben und mit den Eiern und 1 TL Salz zu einem zähen Teig verarbeiten. Dazu schlägt man den Teig so lange mit dem Rührlöffel, bis er Blasen wirft. Bei sehr kleinen Eiern darf es übrigens ruhig noch ein siebtes sein.

Einen großen Topf mit Wasser und einer Handvoll Salz zum Kochen bringen. Wenn das Wasser sprudelt, den Teig portionsweise in eine Spätzlepresse (ersatzweise eine Kartoffelpresse) füllen und Fäden hinein ins kochende Wasser drücken; auf diese Weise entstehen längere, gleichmäßige Spätzle. (Alternativ geeignet ist auch das vor allem in der Schweiz beliebte Spätzlesieb plus Spatel für kürzere, dickere Spatzen. Wer es »rustikaler« mag, kann die Masse natürlich auch klassisch vom Brett schaben – was allerdings etwas Übung erfordert.)

Wenn die Spätzle nach 1 bis 2 Minuten Kochzeit an die Oberfläche hochgestiegen sind, nimmt man diese Portion umgehend mit einem Schaumlöffel heraus, gibt sie kurz in bereitgestelltes kaltes Salzwasser und lässt sie danach in einem Sieb abtropfen. Will man die Spätzle anschließend sofort als Beilage verwenden, hält man sie im Backofen in einer Schüssel warm.

Wichtig: Das Wasser muss die ganze Zeit sprudeln, während man Spätzle macht.

TIPP:
Reste von Gemüse(beilagen), wie Spinat, Bohnen oder Erbsen, und auch übrig gebliebene Pilze lassen sich bestens unter die (Käse-)-Spätzle heben und mit aufbacken – jedes Mal ein neues Geschmackserlebnis!

KÄS'-SPATZEN ZUM DAHINSCHMELZEN

Den Backofen auf 200 °C vorheizen.

Je nach Menge der übrig gebliebenen Spätzle einige Zwiebeln schälen und in feine Ringe schneiden.

Die Spätzle in eine mit 1 EL Butter eingefettete feuerfeste Form geben. Den Käse grob darüberreiben und dann vorsichtig unterheben. Im Ofen 10 bis 15 Minuten überbacken.

In der Zwischenzeit in einer heißen Pfanne die restliche Butter schmelzen lassen und darin die Zwiebelringe kross goldbraun anbraten und vor dem Servieren auf die Käs'-Spatzen geben.

Auf Wunsch dazu einen knackig-frischen Blattsalat servieren – und fertig ist der so als Hauptgericht taugende Hochgenuss!

ZUTATEN

Grundrezept

500 g doppelgriffiges Mehl (Spätzlemehl)

6 Eier

ca. 4 TL Salz

Für die Käs'-Spatzen

4–5 Zwiebeln

4 Portionen Spätzle-Reste

3 EL Butter

ca. 200 g Hartkäse

POLENTASCHIFFE MIT KNUSPERSEGEL

Polentaschiffe mit Knuspersegel

DA SPIELEN NICHT NUR KINDER BESATZUNG!

Die Gemüsebrühe mit der Milch aufkochen, Salz, Pfeffer und Lorbeerblatt dazugeben. Den Polentagrieß mit dem Schneebesen unterrühren und danach unter ständigem Rühren 5 Minuten köcheln lassen.

Vom Herd nehmen und das Lorbeerblatt entfernen. Den geriebenen Käse unterheben und den Zitronensaft zufügen. Den Brei in eine tiefe Schüssel füllen und erkalten lassen.

Für die Segel den geriebenen Parmesan sorgfältig mit dem Mehl vermischen.

In eine beschichtete Pfanne (das ist wichtig, damit nichts festklebt!) die Parmesan-Mehl-Mischung portionsweise hineingeben und dünn verstreichen, sodass der Boden gleichmäßig bedeckt ist. Dann die Pfanne bei mittlerer Temperatur erhitzen, der Käse beginnt zu zerlaufen. Den Fladen wie einen Pfannkuchen – allerdings ohne Wenden – bräunen und dann aus der Pfanne gleiten lassen. Aus dem noch warmen Fladen dreieckige Segel ausschneiden. Diese werden nach dem Kaltwerden hart und knusprig.

Mit einem großen, länglichen Gemüselöffel aus der Polenta Schiffsrümpfe ausstechen und dann sozusagen auf jedem Dickschiff Segel setzen. Nicht nur ein Hingucker, sondern auch ein »Gutschmecker« – und das nicht nur für kleine Leute!

Dazu passen gebratene Tomaten wie auch gebratene Gemüsestücke allgemein – was gerade vorrätig ist und vielleicht verbraucht werden muss.

TIPP:
Käse lässt sich gut aufbewahren unter einem unglasierten Ton(blumen)-topf, den man umgekehrt auf einem unbehandelten Nadelholzbrett platziert.

ZUTATEN

¼ l Gemüsebrühe
½ l Milch
Salz
Pfeffer aus der Mühle
1 Lorbeerblatt
125 g Polentagrieß
2 EL geriebener Käse
etwas Zitronensaft
100 g Parmesan
3 TL Mehl

Rezeptverzeichnis

Sachwortverzeichnis

Quellen/Literaturnachweis

VERWENDETE/WEITERFÜHRENDE LITERATUR

Baur, Eva Gesine: Zu Gast bei Mozart,
Collection Rolf Heyne GmbH & Co. KG, München 2005

Bharadwaj, Monisha: Indiens vegetarische Küche,
Christian Verlag, München 2006

Istrán, Erich M: Die Österreichische Küche nach Rokitansky,
hpt-Verlagsgesellschaft m.b.H.&Co.KG, Wien 1998

Kauka, Mascha: Lieber mit Sauce,
Neuer Honos Verlag, Köln 1991 und 2000

Renz, Hanna: Alles aus der Muffinform,
EDITION XXL, Fränkisch Crumbach 2005

VERWENDETE/WEITERFÜHRENDE INTERNETSEITEN

www.konsumentinnen.umweltberatung.at (Stand 11.01.2012)

www.kuechengoetter.de (Stand 31.08.2012)

www.lebensmittellexikon.de (Stand 25.02.2012)

www.marions-kochbuch.de (Stand 12.09.2012)

www.wikipedia.org (Stand 04.08.2012)

www.en.wikipedia.org (Stand 05.09.2012)

Danke!

Reste sind kein Abfall: Sie stehen nicht am Ende der »Küchenkette«, sondern sind ein spannender kulinarischer Anfang – wenn man sie aus einem fröhlichen Blickwinkel betrachtet. Und genau diese Perspektive haben auch die vielen selbstlosen (Koch-)Freunde eingenommen, die mich tatkräftig bei diesem Projekt unterstützten – ihnen gebührt somit ein besonderer Dank.

Und auch diesmal trug der reiche Erfahrungsschatz meiner Großmutter, der irgendwo in den Tiefen meines Bewusstseins schlummert, zum Gelingen dieses Buches bei.

Bedanken möchte ich mich des Weiteren bei meinem Kreativ-Team Dana, Iris und Karin, die wie immer »alles Quere gerade gemacht haben« – ohne sie gäbe es kein so schönes Buch! Ebenfalls ein Dankeschön geht an die Mannschaft vom Fackelträger Verlag, die sich mutig mit mir ins »Rest(e)lose Kochvergnügen« gestürzt hat.

TEXTE, REZEPTE, FOOD-DESIGN
Usch von der Winden, Wiesbaden

FOTOS & BILDBEARBEITUNG
Iris Kaczmarczyk, Wiesbaden
Marcus Michaelis, Wiesbaden (S. 2 links, S. 14/15, S. 16, S. 17 rechts, S. 18/19, S. 28, S. 30, S. 86, S. 170 oben)

TEXTREDAKTION & LEKTORAT
Karin Schulze-Langendorff, Wismar

GESTALTUNG
Dana Kula, Dipl.-Designerin (FH), Wiesbaden

GESAMTHERSTELLUNG
Fackelträger Verlag GmbH, Köln